關帝學　聖鸞學院系列叢書

與神對話

當代台灣鸞務變遷

中華玉線玄門真宗教會教尊
陳桂興——編

真理大學教授、台灣宗教與社會協會理事長
張家麟——著

下冊

《與神對話》序：鸞的「宗普」

科學知識普及化，稱為「科普」；依此理，我覺得也可以將宗教知識普及化，可簡稱為「宗普」。這是我投入宗教研究之餘，從事的另外一項志業與天命！

本書的出版問世，即延續這項精神而來，而有下列幾項特色：

第一，鸞的宣揚：話說 2003 年，我對扶鸞一系列的調查，有了初步的成果；2008 年，玄門真宗委託我作「關公數位典藏」研究，再深入挖掘一些資料。今年，我將這兩類資料結合，分類、分析、綜合後，以淺顯的文字說明、書寫。

玄門真宗教尊陳桂興與我，尚有推廣鸞務共同的理念。希望藉此揭露台灣地區扶鸞的神秘面紗，讓一般讀者能夠理解深奧且遙不可及的「飛鸞」，轉成為普及化的宗教常識。為已經消失殆盡的大陸及本地尚存的鸞務，留下「丁點」記錄。

其次，可讀性高：作者再以「短篇小品文」、「說故事」的方式，娓娓道來動態的鸞務特色。編者配合文章內容，非常用心、細心、精緻的編排版面。以「圖文並茂」、「圖隨文走」的方式呈現。再以「彩色印刷」，彰顯出其價值。這種書寫、編輯，使本書易於推廣。

第三，內容豐富：全書分兩卷，上卷由 80 餘間宮廟堂，委請廟中能人寫手書寫：自己的「立廟沿革」、「奉祀主神」、「廟宇建築」、「鸞務濟世」、「鸞生組織」、「出版善書」、「法器」及「神蹟」；為自己留下見證。

　　下卷為鸞的「儒宗神教」、「功能與象徵」、「流程與神聖空間」、「參與鸞生」、「法器與供品」、「起源與發展」、「內在基礎」、「規範與修行」、「宗教經驗」、「困境與發展」、「關公因鸞而變成玉皇大帝」及「積累功德」等 12 章；鸞的各種面向。

　　最後，功德迴向：我以「揚善於公堂」為美。竊以為玄門真宗將本書當作善書出版，其教尊以降所有門生、法師及恩主公護道會會員，「財佈施」後，擁有無量功德。

　　它藉此書和參與第七屆全國扶鸞大會的宮廟堂及有緣者結善緣，則是「法佈施」功德。以它「既不藏私、也不居功」的宗教傳統，會把此功德迴向給九玄七祖及諸親好友，則為「迴向」功德。

　　此外，我始終覺得冥冥之中，由「恩主公」的帶領，才會與玄門真宗再次合作，付梓本書。我也要以此「榮神益人」；用一片感恩、虔敬之心，獻此書給天上眾神及恩主公！

真理大學教授
台北市政府市政顧問
台灣宗教與社會協會理事長

《與神對話》序：鸞的「宗普」

Part 5

Part 6

Part7

聖凡雙修：鸞的內在基礎　　138

Part 8

三教融合：鸞的規範與修行　　159

Part9

超凡入聖：鸞生宗教經驗　　176

Part10
浴火鳳凰：鸞堂困境與發展　189

Part 11
眾神之首：鸞使關公為玉皇　215

Part12
累積功德：代結語　264

Part 1
儒宗神教：

鸞

1.1　對鸞知道多少

《覺悟選新》書中，扶鸞的宣講

　　「鸞」是什麼？「扶鸞」又是什麼？是初入「鸞門」者及社會大眾，頗為好奇的問題！

　　「鸞」的本意，是指天上的神鳥；在漢人宗教神話中，神仙乘坐「鸞」或「鸞駕」來到人世間。「扶鸞」則是指通神者在神靈附體後，拿著雕刻成「鸞」的木頭筆，在鸞台上書寫。象徵神明至此，說出「神誥」。

　　過去，「扶鸞」有「揮鸞」、「飛鸞」、「降筆」及「扶乩」等多種說法。

　　首先，它是指通神者拿著鸞筆，揮灑自如書寫神的旨意，乃稱為「揮鸞」。其次，它是指通神者拿著像隻天界飛來的鸞鳥之筆，書寫神意，又可稱為「飛鸞」。第三，它又可指稱通神者代表神仙下降到人間書寫，亦可稱為神明「降筆」。

　　另外，「扶鸞」又可稱為「扶乩」。

　　在宗教史上，「扶乩」是「扶鸞」最早的說法。當時的「扶乩」，應該是指「扶箕」。此說可以追本溯源至魏晉南北朝，它是由通靈者拿的「箕」筆，並非是現在流行的「鸞」筆。

西王母乘坐鸞駕與漢武帝相會

高雄意誠堂的「鸞鳥」筆

此「箕」筆樣式,應該是在「畚箕」下面插一枝木頭筆,寫出神諭。而非現在「桃木柳枝」的「鸞」筆。此時,祖先的智慧巧思,就認定「箕」與「乩」兩個同音字,而取其相似的「占卜」之意。因此,「扶箕」通於「扶乩」;皆是指神仙的預言。

由此可見,「鸞」是從「乩」轉化,而「乩」又從「箕」來。從「扶箕」到「扶乩」,再由「扶乩」轉成「扶鸞」。甚至由扶著「鸞鳥之筆」,再轉換成扶著「龍頭之筆」,這是「扶鸞」在漢人宗教史的變遷。

僅管現在,大多數鸞堂中的鸞手,雙人或單人扶著是「龍頭之筆」,而非「鸞鳥之筆」。還是稱此項儀式為「扶鸞」,反而沒有「扶龍」之說。然而,這只是通則,我們仍然可以見到如高雄意誠堂關帝廟等極少數鸞堂,依舊保留「鸞鳥筆頭」的樣式。

「扶鸞」成為此宗派的特殊儀式;常用「鸞」標示自己的宗派。當我們放眼台灣及海外,保存此儀式的神殿者,常自己謙稱為「鸞堂」。偶爾稱為「乩壇」或「善堂」;而少自稱為宮廟。而參與此儀式的人,則自稱為「鸞生」、「鸞下」或「沐恩鸞下」。

三芝錫板智誠堂的「龍頭」筆

　　此外，鸞生穿著的道服、參與的扶鸞儀式、課誦經典的方式及修行法門，皆獨樹一格，完全異於佛、道、儒等漢人宗教。他們以儒為宗，釋、道為輔，作為修行法門。將漢人儒、釋、道三教融合，是鸞門主要特色。

　　此教派散布在華人民間宗教中，用此儀式作為「人神溝通」的方式之一。過去，它屬於相當神秘的宗教儀式活動，很難讓人一窺究竟。現在，少數鸞堂願意揭開神秘的面紗，讓一般大眾與學界接近它，希望推廣鸞務，或得到學者較為合理的詮釋。

　　玄門真宗教會為了推廣台灣鸞務不遺餘力，前後舉辦過數次全國性的扶鸞儀式展演。曾引起「保守主義」的鸞堂反彈，認為將此神秘的神聖活動揭露於大眾面前，誠屬對神明的不敬。

　　然而，該宗派的領袖陳桂興教尊，一反其道；堅持將此扶鸞儀式公諸於世。藉著展演，喚醒信徒重新認識扶鸞，讓鸞堂彼此交流，讓學者親近鸞。企圖力挽狂瀾，復興當代逐漸萎縮的鸞務。

1.2 「鸞」的起源與變遷

清代鸞手扶鸞

　　「扶鸞」又稱「扶乩」，為華人信仰中「人神互動」的重要儀式，它為「巫」的類型之一。最早，它是由通神者，用「箕」插上「筆」，書寫神諭的神秘儀式。

　　約在西元五世紀魏晉南北朝時期，離現在約 1500 年，咸信在茅山修道的陶弘景（456-536）真人書寫的《真誥》，是最早記錄楊羲（330-386）真人通神後，記錄天界神仙的文字。到 1000 年前，宋朝文人開始記錄用畚箕（乩）插上木筆，在砂盤上書寫神仙語文，咸信這是鸞的起源。

此種神附體於身，或神附體於「箕（乩）筆」的儀式，從此代代相傳。當正鸞手進入「人神合一」之恍惚境界，拿起各式各樣的「乩（鸞）筆」，開始在「鸞桌」上扶鸞。

此時，儒、釋、道三教神明逐一、輪流下凡到人間乩壇（鸞堂）降筆，傳達諸天神佛的旨意。具有述說神仙來由、降詩文勸世教化、人神酬唱、考前猜題、降筆開方施醫、畫符施咒、製造籤詩（藥籤）、化解信徒疑難雜症等功能。

此外，以扶鸞著造經典，也是其重要功能之一。宋朝出現影響力頗大的一本鸞書-《太上感應篇》，宋理宗皇帝（1205-1264）為它題「眾善奉行，諸惡莫作」於首頁。自掏腰包刊印發行，要求臣子閱讀，成為當時美談。

本來，扶乩與道教緊密關連；然而，到了明朝第 43 代天師張宇初（1359-1410），立〈道門十規〉，卻嚴禁道士扶鸞降筆，鸞與道教分殊，走入了民間教派、乩壇。

明朝末年，天下大亂，黎民流離失所。羅教祖師爺羅祖、理教楊祖來如，皆具通神能力。藉扶乩降筆警世、預言、造經，既撫慰蒼生痛苦、迷茫之心靈，也創造了自己的宗派。這些民間教派順勢崛起，應驗了「亂世百姓急需宗教安慰」的宗教起源命題。

楊羲通神識得天界文字

陶弘景書寫《真誥》

《桃園明聖經》

《太上感應篇》

《呂祖全書》

《列聖寶經》

　　明末清初乩壇盛行於大江南北，不同堂口，分別假呂仙祖、關聖帝君之口扶鸞著造經書。被時人編纂成為兩部《呂祖全書》及《關帝全書》。其中，〈關帝覺世真經〉、〈文昌帝君陰騭文〉與〈太上感應篇〉合編，成為當時庶民社會流傳，長輩教導子弟的三本聖經。

　　呂祖的〈太乙金華宗旨〉，尚且被傳入歐洲，經榮格捧為西方認識華人修行內丹的重要參考書。〈桃園明聖經〉、〈呂祖醒心經〉、〈呂祖心經〉及〈呂祖大洞真經〉，被收入到當代恩主公信仰的《列聖寶經》。

　　清朝初年，從中國大陸移民傳入澎湖、南台灣鳳山，再逐漸散布到全台。其中以恩主公信仰最具代表性。國府來台後，從大陸傳入天德教、一貫道、紅卍字會，本地發展出來的慈惠堂系統，也有扶鸞或開砂。

　　儘管鸞手通神的性質類似「巫」，但是經由鸞創造出來的神諭，卻充滿了儒家入世修行的道德律。誕生、成長日據，揚名立萬於國府時期的鸞手楊明機（1899-1985），藉神諭稱鸞堂為「儒宗神教」。他奔走台灣北、中部鸞堂，串連鸞生向政府申請立教。可惜在威權體制下，此教派胎死腹中。

　　台灣部分學者視鸞堂的鸞，是以神道設教來教誨華夏子民，既傳承了孔孟先賢的道理，也在民間社會維繫了儒家文化，乃稱為「民間儒教」。事實上，

《儒門科範》

《鸞喊精華》

《文昌帝君陰騭文》

《節義寶鑑》

此說辭無法完整陳述鸞的內涵。

　　仔細看鸞文，除了表達儒思想之外，也隱含強烈的佛、道兩教的神學思想。因此，從淡水行忠堂發跡，到台北大龍峒保安宮扶鸞，創立台北智仁堂的鸞手張其年（1919-1990），認為鸞堂應該屬於儒、釋、道三教融合的民間教派。可以稱為「濟世堂」、「善堂」或「修行堂」。

　　他礙於政治體制，於民國 50 年代，不得不加入「中華民國道教會」。但是，他以扶鸞教誨鸞生，指引信徒兼修三教。入世家庭、社會，努力實踐儒家道德律，積累功德，當作來世成仙成神的準備。相信佛教的因果輪迴價值觀，積累善報、廣積福田，在世成佛。而這種入世、出世的雙軌修行，成為鸞堂信徒與鸞生共同的生活指引。

　　1987 年，政府解嚴，宗教隨之解禁。本土、外來宗教、新興宗教，皆想尋求主管機關核可登記。

　　2000 年，本地部分鸞堂聯合成立「中國儒教會」；2004 年，奉玄靈高上帝為主神的扶鸞道場 -「中華玉線玄門真宗教會」（簡稱玄門真宗）；分別於真理大學宗教學系委辦的公聽會後，得到內政部核可成為「新興宗教」。鸞堂及扶鸞道場終於朝「制度化宗教」之路邁進，一圓過去前賢開宗立派的夢想及苦

鸞手：智成堂楊明機　　　　行忠堂張其年　　　　玄門真宗教尊陳桂興　　　高雄意誠堂堂主洪榮豐

心。

　　除了清以來，恩主公信仰、慈惠堂系統等本土鸞堂開展外；事實上，1945年大陸失守，不少與扶鸞有關的教派，隨著國府來台。

　　比較著名者如：紅卍字會（先天救教）、一貫道、天道、理教、天帝教、天德教等教派。它們也有類似扶鸞的「開砂」、「看光幕降文」、「用乩筆畫禪說佛」的儀式，用來濟世、降神仙誥命及書寫經典。

　　當然，扶鸞文化也會隨著移民傳播至海外。直接相關者以「香港紅卍字會」、「善堂」及馬來西亞的「德教」為著名。另外，一貫道傳播至東南亞、日本的佛堂，至今尚且以開砂、借竅，用泰文、印尼文、日文降筆書寫〈訓中訓〉，傳遞仙佛的神蹟。

　　然而，隨著當代台灣老鸞手逐漸凋零，傳統儒者、漢學老師萎縮，現代讀書人少投入扶鸞的衝擊下，部分鸞堂扶鸞人才青黃不接。古老的鸞堂鸞務，呈現出現前所未有危機。

　　鑑於此，玄門真宗曾以一己之力，曾在立教後，於2005-2008年籌辦幾屆「全

儒道釋鸞宗

國扶鸞展演暨座談會」。用以弘揚關帝信仰，也顯望透過扶鸞交流，吸引新血投入。

2014 年，高雄意誠堂奉恩主公之旨接續於後，連續 3 年主辦「全國扶鸞展演大會」。2017-2020 年間，則邀請高雄東照山、高雄五甲協善心德堂、南投克明宮及玄門真宗輪流承辦第 5-7 屆。

它希望以「儒釋道鸞宗」為名，正名鸞堂既是「三教信仰」，又是用鸞教化子民，弘揚恩主公的「宗派」。此說法又超越了原本鸞堂為「儒宗神教」或「民間儒教」的論述！

全國扶鸞大會會旗

1.3 「鸞門」是宗教嗎

「鸞門」到底是什麼宗教？它是道教？或是儒教？還是儒釋道三教的宗派？

從宗教組成的「神祇」、「神職人員」、「經典教義」、「宗教儀式」、「宗教場域」、「信徒」及「宗教組織」等七個元素來觀察，答案是肯定的。我以為「鸞門」是一個漢人混合三教內容，以儒為宗、釋道為輔的「宗派」。

主神：恩主公或三教神祇

就鸞堂信仰的神祇來看，絕非單一宗教的神明；而是跨儒、釋、道三教之神。部分扶鸞的教派，尚且跨及耶、回兩教。

台灣地區鸞堂以「三聖恩主」或「五聖恩主」信仰為大宗。三聖恩主是指

玄門真宗為全國性的聖鸞團體

關聖帝君、孚佑帝君與司命真君。五聖恩主則除了前面三尊神明外；有時加上岳武穆王與豁落王靈官，或有時則以文昌帝君或玄天上帝取代。

其中，三聖恩主廟以獅頭山勸化堂為代表；五聖恩主以淡水行忠堂及其分香為主軸。無論是三聖恩主或五聖恩主廟，在過去皆有扶鸞儀式。大都數以關聖帝君為主神，少部分如台北覺修宮、台北指南宮、基隆代天宮、汐止拱北殿等，則請呂祖坐在廟宇神殿上最中間的位置。

當然，有原則，也常有例外。宜蘭碧霞宮、頭城喚醒堂皆是北台灣古老的鸞堂。分別以精忠報國的宋朝大將軍岳武穆王 - 岳飛及道教諸靈官之首 - 豁落靈官王天君為主神。

比較特別的是，台灣地區部分的鸞堂。經由扶鸞後再次確認，關聖帝君由五教教主共推成為第十八代天公，號為「玄靈高上帝」。因此，在廟宇神殿上的關聖造型，可能擁有手拿《春秋》、《左傳》，及頭戴玉皇大帝官冕的兩種

台北行天宮五聖恩主

南投藍田書院三聖恩主

南投一貫道佛堂明明上帝

淡水軒轅教黃帝

神像類型。

　　至於其它擁有鸞務的慈惠堂系統，以「瑤池金母」為主神。一貫道、天道則以「無極老母明明上帝」為最高神。紅卍字會-先天救教奉祀「五教教主」，軒轅教則以「黃帝」為主神。高雄文化院奉祀極為少見的「汶羅清水祖師」。

　　由此看來，扶鸞的教派，各有其信仰的最高神祇

　　此外，鸞堂或有鸞務的教派，在其神殿往往供奉儒、釋、道三教眾神，甚至，儒、釋、道、耶、回（伊斯蘭）五教眾神。或是在扶鸞時，各教派主神或神明，常降下神諭。早已超出道、釋兩教神祇的範圍。因此，不能用單一宗教看鸞門。

扶鸞儀式

　　鸞堂之所以稱為鸞堂，就是因為有「扶鸞」儀式。

　　它是鸞堂中在「誦經」、「收驚」、「拜斗」、「聖誕」、「犒軍」之外，最重要的宗教儀式。透過扶鸞，讓所有鸞生共同膜拜神明，或參與鸞務修行。也在此儀式中聆聽神明教誨，感應神明來到儀式現場。

《儒門科範》中的戒條

　　過去，有問事請紫姑降鸞之俗。現在鸞堂的扶鸞，則是常態性的宗教儀式。

　　它可分為「固定」和「不定期」兩個類型的時間點扶鸞。前者，頻率高者逢農曆 3、6、9 有鸞務，一個月 9 次；頻率低者，逢月底、週末或逢 5、10、15、20、25、30 扶鸞，一個月 1-6 次。不定期者，只要信徒有需求，就請神降筆。

　　主事者要求鸞生共同參與扶鸞儀式來修行，在儀式中感應神的神諭，也透過此儀式來凝聚鸞生的情感。當然在扶鸞儀式舉行過程中，依舊維持高度的「神聖性」與「神秘性」。

　　「神聖性」是指鸞生虔誠、肅穆的迎接神明到來。「神秘性」則是指當神明附體到正鸞生或鸞筆時，他代表神明快速且神奇的、用鸞筆在砂盤上，寫出神的旨意，這些漂亮、對仗工整的鸞文，往往令人嘖嘖稱奇。

　　不只如此，扶鸞儀式也有它的「便利性」與「需求性」。

　　「便利性」是指當信徒或鸞生，遇到人生或生活時的困難抉擇，前來問神，神明會降鸞給予回應。「需求性」是指信徒或鸞生遇到病痛、疫情，神明降鸞開處方箋。

　　台灣在清朝與日據時代，從過去至今，鸞務興盛的主要原因之一，就是當扶鸞能夠便利的滿足信者及社會的需求。當鸞堂的扶鸞緊密連結社會時，它就

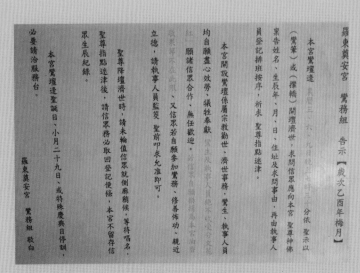

宜蘭羅東奠安宮扶鸞流程

信眾的問事單

《大解冤經》

《玄靈玉皇寶經》

《玉皇普渡聖經》

有「存在的價值」。

三教經典教義與鸞文

鸞堂的經典教義包含儒、釋、道三教的各項經典意涵，再從三教的原典中，創造出自己特殊、專屬的經典。

最具代表性的經典，莫過於流傳於恩主公信仰的《列聖寶經》。本經典包含關聖的《桃園明聖經》，呂祖的《醒心經》、《大洞真經》，司命真君灶神的《靈寶真經》，王天君的《靈應經》，岳武穆王的《敦倫經》等。

另外，尚有關聖帝君為主的《忠義經》、《覺世真經》、《玉皇普度聖經》、《大解冤經》、《文懺、武懺》、《玄靈玉皇寶經》、《赦罪寶懺》、《戒淫經》、《關聖大帝返性圖》、《救劫渡人指迷篇》與《玉皇普度尊經》等經典。

這些經典都是明末以來，經由扶鸞創造而來。而從經典中可以得知，都以「儒教」的人倫道德為主軸，為人處世的道理。部分闡述「佛教」的因果輪迴觀，鼓勵信徒行善積德，將有善果、善報。也有「道教」的累積功德成仙觀；或神明「陰鸞」人的功過，再給予獎勵、懲罰。

鸞堂不但有這些豐富的「經典」外，它也創造許多新的「鸞文」。其內容包括「鸞堂科儀規範」、「鸞生的戒條與戒律」、「儒、釋、道三教教義再詮釋」、「今世修行法則」、「來世成神準備」及「祖先已經成神典範」。

　　因此，我們可以說，鸞堂的經典、鸞文內容，融合了三教的教義，是「漢文化」的縮影。隨著時代發展，它目前依然在降筆創造「經典」，書寫「鸞文」。部分經典為鸞生課誦的範本，部分鸞文則成為鸞生的行為準則。

鸞生為神職人員

　　從神職人員來看，鸞堂的神職人員異於一般信徒，他們都是恩主公的學生，一輩子為神服務，長期投入鸞務，稱為「鸞生」或「門下生」。在扶鸞時，感受神的恩典，又自謙為「沐恩鸞下」。

　　參與扶鸞時，擔任不同的工作，又可以依職務分為：總理鸞務的正堂主、協理鸞務的副堂主、主持扶鸞的正鸞生、協助正鸞生的副鸞生、記錄鸞文的筆抄生、唱出鸞文的唱生、負責撥砂的撥砂生、負責督理扶鸞紀律的監壇生、擊鼓鳴鐘的鐘鼓生、接送神明的接送駕生等人。

扶鸞的正鸞手、副鸞、筆抄生、撥砂生

接駕生

　　這些鸞生都是皈依恩主公的神職人員，得到神明經由鸞賜與法號，就可以穿上青色或白色素樸的道衣。他們對神發誓，信守鸞門的戒律，宛如其他佛教、天主教、基督教、道教等「制度性宗教」的神職人員。

　　至於其他有鸞務的宗教，又有其特殊的稱呼。像一貫道將鸞生稱為「天、地、人」三才，入道者稱為師兄姊。天帝教將皈依者稱為「同奮」，在天帝教中也給不同的皈依者授與神職人員的身份。

鸞堂為信徒的神聖空間

　　台灣地區鸞堂剛開始出現時，大部分規模都不大，不像現在的寺廟或道觀，擁有宏偉且巍峨的建築。

　　它常隱身於街市或村落中，用扶鸞服務信徒的病痛或各種疑難雜症，而又有「濟世堂」之名號。它又是鸞生日常誦經、扶鸞的場域，因此，又是他們修行之聖域。

　　早期的鸞堂只需要小小的宗教場域，就可以為信徒開處方箋。當神明的神諭開出的處方箋有效時，信徒口耳相傳，鸞務不斷發展，原有的小鸞堂，就可能逐漸擴大，甚至可能可以分香，開出新的鸞堂。

　　當鸞生或信徒來到扶鸞儀式現場，共同膜拜神及聆聽神諭。此時，鸞堂已

鸞生在外守候聆聽鸞訓

獅頭山勸化堂

經變成宗教的神聖空間。由此來看，它是鸞生或信徒參與的聖殿，而這也是鸞堂成為宗教的重要原因之一。

信徒參與鸞務

經由扶鸞儀式開立鸞堂的正鸞生，除了用神道教化子民，讓他們成為恩主公的學生外，也用扶鸞吸引許多信徒加入。

就人的組成來看，這些信徒是組織鸞堂的基礎成員；在其上面，才有鸞生。當然，信徒久而久之，就可能升格為鸞生。在其上，又有副、正鸞手，或總理鸞務的堂主、主委；甚至有開宗立派的宗師。

當然，當鸞堂的鸞務停頓時，也有可能轉型。它只剩下其他的宗教儀式與膜拜活動，依舊可以擁有龐大的信徒。像台北行天宮、木柵指南宮、覺修宮，本來皆為鸞堂。但是沒有正鸞手之後，就沒有扶鸞儀式。

此時，它已經轉型為一般宮廟，再也不能稱之為鸞堂。它就只能行銷收驚、拜斗、聖誕、祭星等儀式，漂亮的地理景觀，巍峨的神殿建築，或位在交通便利之地等因素，吸引信徒

台北指南宮

宜蘭新民堂

宜蘭喚醒堂

汐止拱北殿

前來。

宗教組織

　　傳統鸞堂為了推動鸞務，其領袖就有必要將「神職人員」及「世俗信徒」組織起來。

　　「神職人員」是指參與扶鸞的鸞生，他們組成「鸞務」及「堂務」組織。至於「世俗信徒」，包含「護道會」、「一般信徒」、「志工」、「職工」等成員，也被組織起來。

　　規模大的鸞堂，「鸞務」、「堂務」組織從數十人至數百人。規模小者，也有數人到數十人。大部分鸞堂，這兩類組織成員會重疊，皆投入扶鸞，他們是鸞堂的核心組織。

　　無論是傳統或現代的鸞堂，為了弘揚鸞務，除了將神職人員組織起來，也運用既有神職人員的能耐及魅力，號召民眾成為信徒加入鸞堂。以玄門真宗為例，全省各地數百名的「護道會」成員，就扮演重要的角色。他們護持恩主公信仰，也是護持玄門真宗「鸞務」、「堂務」的主要人力、財力資源。

　　另外，為了滿足國家宗教法規，鸞堂也會依法成立「財團法人」、「管理委員會」或「管理委員」等組織三個類型，擇一建構組織。當然，它們內部組織也會與建構國家所需要的組織接軌。

　　來到當代，鸞堂組織成員也產生變化。以前「女子無才便是德」的價值觀，

玄門真宗護道會服務信徒

高雄東照山關帝廟女性正鸞手及鸞生

玄門真宗妙筆主持扶鸞，左側為撥砂生玄勝師

隨著社會「兩性平權」、「女子受教育」及「女子熱衷宗教」等價值觀衝擊而轉變。

　　過去鸞務幾乎都由男性擔任堂主與正鸞手；但是，現在新的鸞堂已經將「重男輕女」的古老戒條打破。不少鸞堂培養女性信徒成為鸞生，甚至進階為優質的正鸞手，承擔扶鸞的重責大任。

　　從上述七項宗教形成的要素來看鸞，與鸞的相關活動，都可明顯看出，鸞是華人民間宗教中，頗為特殊的「教派」、「宮廟堂」。因為它有特殊性與制度性扶鸞儀式，使其獨樹一格，與其他民間宗教形成差異。

　　但也由於華人民間宗教，並非如西方耶教、伊斯蘭教具「制度性宗教」的特質。因此，老鸞堂不斷的衍生「子堂」，或再從子堂分出「孫子輩」的鸞堂，不管分出的層次與數量多寡，它們並未有「從屬關係」。

　　它們頂多認知祖先何時設立鸞堂，又從那間鸞堂分香而來。要將它們整合起來，成為一「鸞堂」宗派，難度甚高。而這也是過去楊明機正鸞手終其一生，無法成立「儒宗神教」的憾事！

Part 2
代天宣化：鸞的象徵與功能

2.1 鸞手的象徵

　　鸞從古傳唱至今，得以存在於華人社會，是因為它具有諸多「功能」（function），而且功能意涵為何？甚至此功能傳達出何種訊息？是本文好奇之處。

　　鸞與乩的本質相似，都是指民間宗教或儒、釋、道三教融合的通靈者，最早稱扶鸞為「扶乩」，使用的法器為「畚箕」，且「箕」字與「乩」同音。通靈者在畚箕上面夾帶毛筆，讓神明附體，寫出神諭，這種過程稱為「扶乩」。

　　因此，早期有人就將扶鸞稱為「扶乩」。外國學者到台灣做扶鸞調查，觀察到鸞手拿著龍頭鸞筆，快速的在鸞桌上揮灑，又把扶鸞稱為「飛鸞」（flying phoenix）。

高雄意誠堂扶鸞

　　然而，也有部分的學者與鸞生，將鸞與乩分開，稱為「文鸞」、「武乩」。前者是指扶鸞的鸞生，用文字表達神意，在鸞台上手執鸞筆書寫。

　　後者則包括兩種類型：一是指在廟裡為信徒服務辦事的乩生，經常與桌頭搭配；二是指在迎神賽會時，參與陣頭展演，手拿鯊魚劍或帶著針刺的棍棒，拍打自己赤裸的身體，甚至用鋼條穿刺自己臉頰的乩童。由於他們的身體語言屬於比較「誇張」，甚至有武打的動作，因此稱為「武乩」。

　　就鸞手與乩童的本質來看，都屬於神靈附體的「薩滿主義」（shamanism）。然而，其薩滿的表現，則有不同。鸞生進入「恍惚」（in trance state）及「亢奮」（in ecstasy state）情境，比較斯文，未若乩童的動作、情緒強烈。另外，再就知覺來看，鸞手、乩童都要放空其心靈，讓神附體，處於無意識的境界。這又異於有知覺、跳大神的「薩滿」。

鸞手與乩童之比較

狀態 類型	恍惚	亢奮	儀式	附體或鸞筆	動作	開口或閉口
鸞手	強	弱	扶鸞	皆有	降筆	皆有
乩童	強	強	辦事	附體	起乩、跳舞	開口

乩童與桌頭配合辦事

武乩

2.2 鸞手的角色

埔里混元門道光山萬聖宮鸞手代天宣化

「天不言」，而經由鸞手來闡述「天」（諸天神佛）的旨意。他是神的代言人，往往是鸞堂的核心人物。既是扶鸞儀式的主持者，也是信徒與神之間的媒介。在多數的鸞堂，他常被鸞生尊為「先生」（老師）或「法師」。

由於鸞手在扶鸞時，儒、釋、道三教的眾多神明皆附體於他身上。鸞手具有替神代言的神秘力量，透過鸞來降文，訓誨信徒。他在扶鸞時，展現「允文允詩」的魅力。結束時，宣講鸞文，又能讓信者從中理解神的意向，滿足信徒內心的各種宗教渴望及化解困境。

桃園真佛心宗宗師為信眾解惑

另外，極少數的鸞手如玄門真宗陳桂興、真佛心宗陳政淋、無極天元教脈黃阿寬等人；他們皆有能力帶領信徒開廟，甚至開宗立派。此時，在信徒心目中，其地位更為崇高。

他們一如台灣人間佛教偉大的師父一般，開立佛光山的星雲大和尚，法鼓山的聖嚴法師，或是慈濟功德會的證嚴上人；而被學生尊為「教尊」、「教宗」、「師兄」。

一般鸞堂的鸞手與鸞生參與扶鸞，無外乎經由鸞達到「代天宣化」、「濟世救人」的效果。然而，對鸞堂而言，他們參與扶鸞旨在弘揚「恩主公信仰」，擴展鸞務。對他們自己而言，則藉扶鸞「修行」。

由於過去的鸞手皆具漢學能力，因此，遠在宋朝中國大文學家蘇東坡的文稿中，就記錄了當時他與鸞手互動的詩詞唱和記錄。到了清代，紀曉嵐的筆記裡，重覆了當時蘇東坡與鸞手互動的情景，他也和清季時的鸞手以詩詞對答。不過，這種「人神酬唱」，現在已經少見。

此外，在《台北大龍峒保安宮志》曾記錄，於民國四十四年左右，由鸞手「煉丹」的史實。當時的鸞手在神明附體後，每天晚上用爐火洗煉淡水河砂，從中粹取「丹」。可惜，文獻資料有限，無法得知當年為何有此舉措。

佛光山星雲法師

慈濟山證嚴法師

「代天宣化」為鸞手的責任

2.3　鸞手宣揚聖教

　　鸞堂具「代天宣化」的特質；異於王爺廟的「代天巡狩」，城隍廟的「燮理陰陽」。

　　在此，「代天宣化」中的「天」，是指恩主公或三教眾神。「宣化」則具宣揚以孔聖人為人處世之教理，輔以釋、道兩教出世修行之法，收移風易俗之功。

　　部分鸞堂為了凸顯「代天宣化」之理，常在內掛著此四個字的匾額。也有以「代天」為宮名，如「基隆大竿林代天宮」；或與「宣化」相近之名，如頭城「喚醒堂」、獅山「勸化堂」。

　　在扶鸞時，神明不斷的降下詩文，要求鸞生、信徒嚴守儒家三綱五常、四維八德的道德律。耳提面命沐恩鸞下，效法恩主公的「仁、義、禮、智、信」五常德，當作為人處世基本道理。

　　玄門真宗以關帝之名，透過扶鸞將五常德賦予新解。轉化「仁」，為保持個人的「身體健康」；「義」，為作好「人際關係」；「禮」，為努力「經營

北台灣尚存代天宣化的鸞堂：基隆代天宮、頭城喚醒堂、苗栗獅頭山勸化堂（左起）

家庭」；「智」，指用智慧「經營事業」；「信」，為自我日日「精進修行」。

　　希望延續、運用古老的道德律，處理當代社會複雜的人與我的身體、人與他者、人與家庭、人與事業及人與精進修行的問題。在世俗凡間修聖人道德，作好人世間的事情，才能「超凡入聖」，甚至同修「弘揚聖教」。

　　不只是玄門真宗如此，其他鸞堂的鸞手，亦以此為己任。

　　當鸞手在扶鸞寫出具儒教道德訓誨性質的文章，參與的鸞生、信徒深信神來到現場。他們認為此為神明的「誥命」，只是經由鸞手的鸞筆寫出。而且，把它當作自己行為的圭臬，立身處世基本原則。

　　由此看來，鸞手代天宣化、宣揚聖教，是台灣家庭穩定的根源，也是社會祥和深層基礎的一項動能。

玄門真宗將「五常德」現代化

2.4 扶鸞戒毒治病

關聖帝君降詩勸戒鴉片

日據時代，扶鸞重要的功能之一是勸阻戒鴉片毒癮及醫治病痛！

當時日本政府為了發動大東亞戰爭，竟然「合法販賣」鴉片，從中課取鴉片稅。完全不顧台灣人民的健康，鼓勵吸食鴉片。吊詭的是，日本政府卻禁止在日本及日本人吸鴉片。

根據國府時期中央研究院王世慶的研究，發現當時鸞堂-降筆會，恩主公知道此問題的嚴重性，乃降鸞教誨信徒不要再吸食鴉片。認為此毒品，不但傷害當時台灣百姓，也禍延及其子孫；荼毒整個民族。

比對苗栗獅頭山勸化堂保留的百年鸞文，證實了此事件。除了神諭訓誨信徒不要再吸食鴉片外，也開了處方箋戒鴉片。現在看這些處方箋，都是屬於清涼解毒的瀉劑。

這是鸞的診斷、醫療與告誡功能的延伸。過去，身為鸞手的讀書人，部分懂「中醫」。台北智仁堂正鸞手張其年，他既是漢文老師，也懂「山、醫、命、卜、相」等五術。他藉著扶鸞，開方診斷信徒身體病痛。有時也用畫符、煉丹為信徒作宗教靈療。

信徒向仙佛祈求平安符

仙佛賜符給信眾

仙佛賜丹砂給信徒

在醫學不發達的社會，鸞務扮演非常重要的醫療功能。高雄月眉樂善堂鸞手，甚至結合抽籤文化，藉扶鸞製作「男科、婦科、小兒科、外科、目科」等，各式各樣的「藥籤」，供信徒免費抽取。

鸞除了可以化解信徒的身體病痛，尚可安慰信徒的心理創傷。當信徒陷入困境，神明經由鸞書寫詩文，勉勵他勇敢面對，安慰其「受傷的心靈」。再用符咒，化解「厄運」。

這種既用「鸞詩」、「鸞文」安慰信徒，又以「靈符」化解其災厄，是鸞堂扶鸞服務信徒常見的宗教靈療法。尤其當它發揮效果時，促使芸芸眾生更加相信鸞，肯定其具有不可思議的神秘力量。

當信徒的身體病痛，或是心理負面印痕，從鸞得到宗教慰藉、化解；常促進鸞堂的興建或分香。

日據早期，淡水忠寮望族李家請來宜蘭地區的鸞手扶鸞，為其長輩開方診治。在具療效果後，乃於 1899 年興建「屯山古廟行忠堂」。它也在 1900 年，分香到三芝老街，開設「智成堂」。

因此，日據時代，恩主公的扶鸞戒食鴉片、治鴉片癮及各種病灶，是鸞堂快速傳播的主要原因。在醫院不足、全民健保未開始之前，恩主公的扶鸞尚扮演「醫療」身心的功能！

不過，此功能在國府時期嘎然而

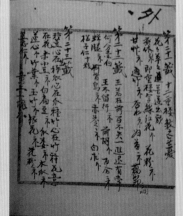

戒鴉片詩　　　　　三聖恩主藥籤：外科、幼科、目科、婦科、男科 （左起）

止。因為，國家根據「醫師法」、「藥師法」，禁止各宗教場所的神職人員，藉神意旨醫療、診斷、開方、給藥。從此以後，鸞堂的扶鸞再也不能為信徒開方。連藥籤都得收藏起來，只能供信徒在問神得其核准後，「偷偷的」抽取。

由此可見，國家宗教政策改變了扶鸞功能，也間接影響了鸞堂的發展，這是一個重要的例證！

仙佛降下靈符賜給信徒

信徒請求教尊化解災厄

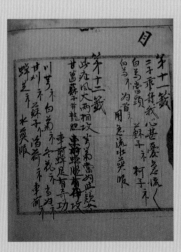

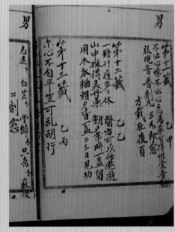

奉旨著造經典

　　代天宣化的另外一個內涵是，透過扶鸞創造了許多「經典」。其中，只有少數經典經過時代的淬煉，變成代代相傳的「寶經」，成為信徒、鸞生在平時

欽奉

玉皇大天尊玄靈高上帝　詔曰

朕居彌羅天上日理萬機無時不以蒼生為念赤子為懷奈
無如人心不古道德淪亡日尚文明自由平等以強欺弱
侵奪行為世界干戈釀成刼運際此午會正中三期末日
修羅惡蠻肆行原子偽彈　無極慈悲大啟三曹普度天
忍不教而誅洪德洪恩以慈飛鸞宣化闡教度人大衆慈
矣奈有智成諸子有志重興正理闡幽揚立儒宗之神教真修
有賴請造新書豪　無極老母四賜名六合皈元以大同為目
錄盎參有誠欽承慈命准許所請　詔勅　三界高真慶
將敕令書戒之日德懋懋官功慈慈賞神人一體遵依
欽哉勿忽

天運乙未年六月七日

玉璽

玉皇大帝降旨著造《六合皈元》

或神明聖誕時吟誦的經懺。

在明末清初，一般凡夫俗子，幾乎家家必備宋朝鸞手創造的《太上感應篇》，與明、清朝著造的《關聖帝君覺世真經》、《文昌帝君陰騭文》等三本華人「聖經」。當作教導子弟的治家格言。

這些經典充滿儒家的道德律，鼓勵信徒誦經，並且實踐經典的戒條。另外，也把它當作修行成仙的不二法門。

以《太上感應篇》為例，經文中說了五種修行法門。首先，在宅修行者，應該在家實踐家庭倫理道德。第二，離開家庭出了社會，就

鸞書《渡世慈航》

應該熱心服務履行人與社會之間的基本公德。第三，如果有機會服務公職，實踐當官乃為民服務的基本信條，體認「身在公門好修行」。

第四，人在自然環境中的修行，切莫亂打龜殺蛇，應該尊重大自然既有的生態，愛護動植物，與自然和諧相處。最後，人在宇宙間的修行，應該深知「人宛如滄海之一粟」，人唯有謙卑敬神，尊敬浩瀚的宇宙及眾星辰，才能對人、事謙卑自處。

《太上感應篇》中，鼓勵當我們常人實踐這五種世俗與神聖道德，慢慢累積個人功德。當累積了三百個功德，可以成為「地仙」，累積了一千三百個功德，則可以成為「天仙」。當然，能否真正「成仙」，端看個人的信仰認知！

類似《感應篇》的經典，經常出現於不同朝代，它們都是扶鸞的結晶，也是諸天神佛對信徒的告誡與期待。簡單的說，歷朝歷代的鸞手在神附體後，透過鸞務寫出許多的經典，文字結構精美，容易琅琅上口的鸞文，容易變成傳之久遠的道德律。

我估計，在台灣地區恩主公信仰神殿中，隨時可見《列聖寶經》。它隨著台北行天宮、智仁堂，九份聖明宮，台中行聖宮等鸞堂，鼓勵信徒刊印經典積

《孚佑帝君醒心真經》及呂祖畫像

《司命真君靈寶真經》及司命真君畫像

累功德，應該是發行最廣，影響力最為卓著的典籍。

它收錄鸞手創造的《關聖帝君明聖真經》、《孚佑帝君醒心真經》、《司命真君靈寶真經》、《豁落靈官靈應真經》、《岳武穆王敦倫真經》等，是鸞生日常課誦之經書。

到了民國，從四十年至今，仍然有新的經典出現，鸞手依舊遵循傳統，以扶鸞創造《瑤池金母收圓普度定慧真經》、《玉皇普度收圓真經》、《玉樞涵三妙經》、《大道真經》等經典。

這些經典充滿了神話及警世、修行的道德律。《瑤池金母收圓普度定慧真經》、《大道真經》兩部經典，隨著兩岸交流，還回傳大陸，成為台灣經驗。至於其他經典能否流傳？則有待歷史的考驗。

關聖帝君文衡聖帝牌位

《豁落靈官靈應真經》及王靈官畫像　　　《岳武穆王敦倫真經》及岳飛畫像

2.6 鸞手處理疑難雜症

鸞手以扶鸞為信徒治病

　　鸞堂除了「代天宣化」外，又有「代天濟世」之功能！

　　在全台各地常態性的鸞務活動，分為兩大類的鸞文。第一類的鸞文，屬於「代天宣化」性質；經常是神明給信徒的道德教誨。第二類的鸞文，則為「代天濟世」之用，是神明回應、化解信徒的困境。

　　對第一類而言，一般認為鸞手以「神道設教」之名，行「代天宣化」之效。由少數讀書人運用鸞來弘揚儒家道德律，以神的話語來教導信眾效行孔教精神，讓信徒礙於神威而不敢為非作歹。鸞手說出儒教之道德教律，及釋、道兩教之修行法門。

　　對第二類功能來看，認為鸞手具有「濟世」信徒面臨自己或家人的困境之功。只要信徒提問各種疑難雜症，鸞手都能立即代神回應。因此，這種「代天濟世」之法門，讓鸞堂贏得「濟世堂」之美名。

由此看來，「扶鸞」異於「燒香拜拜」、「合什默禱」、「擲筊抽籤」等儀式。前者，是屬於人神互動的「雙向溝通」儀式；後者，則為人求神的「單向溝通」科儀。

當信徒參與鸞務活動前來問神。他提出各種疑難雜症，神就透過鸞手的鸞筆，寫出了各項神諭，化解其困境。宛如人得到天上神仙具體回應，雖然神秘，卻頗具臨場感。往往勝過片面禮神、拜佛的儀式；祈求時，信者鮮少看到神來了，聽見神的指示。

扶鸞開始前，信徒只要寫上自己的姓名、生辰八字及問題，就可以安靜等待神明的回應。信徒可以提出「擇日、問卜、婚姻、生意投資、人際關係、交友、家庭個人運途、事業、功名、訴訟、遠行、求子」等各種問題，鸞幾乎無所不能的回應。

神明透過扶鸞後留給信徒「詩文」，也可能給予信徒「靈符」、「爐丹」，庇護信徒平安，滿足其所求。當他的問題得到化解，他就更樂於參與鸞務。不但加深了對神的景仰；也會持續前來問神，也可能拉親朋好友來到鸞的現場，成為信徒或鸞生。

當鸞與信徒的生活需求越趨緊密連結時，形同鸞具有滿足信徒各種需求的重要功能，鸞也就有其生存的空間。我想，這是現代台灣社會，仍能可以保存古老扶鸞儀式的主要原因。

宜蘭新民堂「寶筏渡人」匾額

2.7 鸞生為何參與扶鸞

玄門真宗鸞生扶鸞

　　為何鸞生參與扶鸞？這是一般人好奇的問題，也是學術界欲探索、解答的問題！整體而言，可以分為「社會階級提升論」、「神道設教論」及「修行功德論」、「教主魅力論」等見解。

　　首先，美國學者歐大年在民國 50 年代，研究台灣扶鸞的幾個個案後，提出「社會階級提升論」。

　　他認為參與鸞務的鸞生，希望藉此改變自己的社會地位。尤其是正鸞手，被鸞生稱為「老師」，他由低階往高階流動，成為社會的精英份子，宗教團體的領袖。

　　其次，為「神道設教論」。上述的「社會階級提升論」，並無法合理解釋

清朝在宜蘭新民堂、碧霞宮的扶鸞及鸞生。因為，當年楊士芳、李望洋未成為鸞手前，已經擁有進士的頭銜，也是在地的士紳，是社會菁英了。

同樣的，三芝智成堂第一代鸞手郭木生，鸞生郭石定、郭明德、楊峻德，皆是漢學老師或秀才。這些人參與扶鸞，並非為了博得令名，而是另有盤算。我以為，藉「神道設教」推動儒教，教化子民，代天宣化，濟世蒼生，才是他們的內在動機。

第三種解釋為「修行功德論」及。根據我們對玄門真宗、真佛心宗、獅頭山勸化堂鸞手、鸞生的調查，又有不太一樣的發現。他（她）們願意投入古老的扶鸞，接受嚴苛的「訓鸞」，往往是希望自己在「宗教修行」領域中成長。而且，把養成正鸞手當作「高階修行」的目標。

此時，鸞生參與扶鸞與「修行」及「教主魅力」論有關。這兩個解釋，又與「社會階級流動論」、「神道設教論」有所不同。在玄門真宗的開山教尊陳桂興看來，唯有在老鸞手、老師引導或教誨新鸞手、學生下，把鸞務活動當作培養學生修行的主要方式之一。然而，並非所有學生可以隨意站上鸞堂扶鸞。只有經過重重考驗者，才能登堂入室主持鸞務。

鸞生扶鸞前準備

　　對鸞生而言，有朝一日成為正鸞手，站上鸞台手拿鸞筆寫出神明的話語，是種「修行境界」，也是該宗教團體的高階神職人員。因此，參與鸞務即是不斷修行考驗的歷程。

　　而在鸞生看來，他們願意跟隨「名師」，參與扶鸞「修行」。教主儀式及闡揚弘法魅力，像塊磁鐵吸引他們長期跟著教尊。教尊擴張鸞務至「開山」、「閉關」、「與友宮結緣」、「各種儀式」及「培訓鸞手」等志業。而鸞生樂於跟隨教尊的理念及腳步前進。

　　另外，苗栗獅頭山勸化堂培訓鸞手，需要由老鸞手帶領。經由四十九天不間斷的訓鸞，如果四十九天後無法熟練鸞務，則必須繼續練習四十九天，依此類推直到熟悉為止。

　　在訓鸞期間，得嚴守堂規，並接受堂中的「督理」監督，違反者不能成為

楊士芳（左）、李望洋（右）功在鸞門

進入獅頭山勸化堂紫陽門，鸞生修行聖道

鸞手。練成之後，由功力深厚的老鸞手請示神，蒙神核可後，封新鸞手為正鸞、副鸞、宣講生、校正生及執事生等職務。其中，正鸞手的培養最為困難，是由神添加智慧於鸞生身上才可能養成。

事實上，早在民國五十年代，老一代鸞手楊明機書寫的《儒門科範》中，就把參與鸞務著造鸞書，當作未來「法門天職之階級」，即修行成使者、成山神、成福神、成真人之果位。

他根據鸞生參與扶鸞的「職務重要性高低」、「著造經（鸞）書的次數」，

分別記錄大小不同的「功德」於天曹。這是把扶鸞結合「修行」及「功德」觀，藉此勉勵鸞生。

由上面論述可知，不同時代的鸞生投入鸞務，培訓鸞手，參與扶鸞造書，皆有其不同的內在因素。儒者的「神道設教論」，最能解釋清朝、日據初期的鸞務興盛樣貌，尤其是在異國政權下，維繫了漢文化。

而國府初期，具有功名的老鸞手凋零，新接棒的年輕鸞手、鸞生，並無傳統的功名。他們投入鸞務，正鸞手除了承擔弘揚聖教傳統之責外，也有提升自己社會階級地位之效果。

而到 90 年代，扶鸞闡揚聖教不間斷，更多新秀參與鸞務，則與教主魅力和修行功德有關。

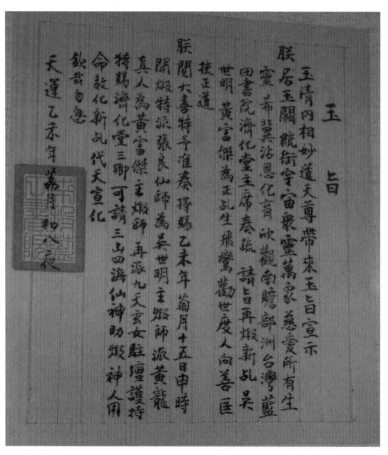

藍田書院神明降旨分配鸞務

52

　　他們喜歡老師散發出的魅力，由「初信」變成「虔誠信徒」，再由虔誠信徒轉成為「效勞生」，此時神會賜予法號。把「吃苦當作吃補」，長期皈依在神的座下，成為神的學生。效勞神明，投入鸞務。

《儒門科範》參與鸞務的功德

鸞務職稱	職掌	著書次數	果位
堂主	統監堂事	5	錦衛使者
	掌監堂事	3	傳達使者
	堂主	1	供役使者
正鸞手	監正法事、鸞務	5	正理真人
	正理鸞務	3	化導真人
	正鸞生	1	傳送使者
抄錄、謄真校正生	監書事	5	司筆吏
	書事	3	掌簿吏
	校正生	1	城隍
總理、董事	總經理堂務	5	特加使者
	經理堂事	3	判任
	總理、董事	1	福德
司香茶、迎送生	典禮生	5	香官使者
	司禮生	3	守衛之神
	司香茶、迎送生	1	山神

2.8 鸞手鼓勵信徒修行成神

智成堂沐恩鸞下扶鸞成神

在鸞文中，常有鸞生、鸞生家屬或凡夫俗子成神的故事。這項書寫傳統，遠溯 1000 年前紫姑神降鸞，自述生平事蹟，最後成為「廁神」。

第一種狀態，是指參與鸞務鸞生的祖先成神，返回降筆，祂給予鸞生諸多安慰。經由鸞文，鸞生得與先人相會。而且，祖先因子孫投入鸞成神，也給鸞生子孫希望。只要現在虔誠投入鸞務，未來也可和祖先一樣成神，履任到地方的土地廟、媽祖廟。

清光緒廿六年（1900），在三芝智成堂降文的《節義寶鑑》，就說了鸞生祖先成神，返回降詩勉勵的故事。堂主兼副鸞郭石定，其弟郭木生為正鸞、郭明德為左鸞，一家三兄弟皆為堂務及鸞務付出。其先父郭春風被拔擢為「錫板庄境福神」。

於閏八月 24 日己時，連續降下 8 首七言絕句。以第一首以「郭春風」為貫首詩，說明如下：

「郭外祥雲景忽開，春秋既盡涼冬來，
　風薰一室流芳繼，但願兒孫德早栽。」

另外，在《節義寶鑑》八月初 8 亥時，智成堂的母堂 - 行忠堂已故鸞生李

璋琛來此降筆。他生前對鸞堂的貢獻，逝世後被提拔為「先天駕前李將軍」。書寫兩首五言絕句：

「迅馬步先開，隨行到此來；智成堂貌啟，氣象遍天台」。
「氣象遍天台，飛鸞到我臺；琛聞期子等，一室堂皇開」。

像這些詩文，表面上說鸞生或其祖先成神；實際上，給鸞生一個「來世成神之想像」。只要勤修鸞務，常沐恩於眾神座下體會詩文，不假天年時，即可飛昇成神。形同這些詩文，具有潛移默化鸞生修行之效。

第二種狀態，是不同朝代的孝子媳、貞潔烈女、為官清廉的官員、斗秤公平的股商、拾金不昧的俗夫等，生前作為符合儒教道德律，歿後乃得以成神。藉此勉勵鸞生，修品修德，來日修成正果！

在《節義寶鑑》中，至少述說了 23 個凡夫俗子成神案例。藉之教導、訓勉鸞生，為人媳婦須嚴守婦道，為人子弟要入孝出悌。在日本據台的大時代下，

三芝錫板智成堂是北淡水代表性的鸞堂之一

仍然堅守漢人的文化道德。

這些人歿後，女性被拔擢為「觀音菩薩」或「媽祖」，男子則被提升成「城隍」、「土地神」、「保生大帝」、「文昌帝君」、「玄天上帝」、「水仙尊王」等神祇。到各地廟宇擔任分靈，回到三芝智成堂降筆。

以台南府觀音亭的觀音張降筆為例：

「抱璞無瑕不愧衷，
　偶遭毒計及終窮；
　前因提起深懷恨，
　不失操持福履充。」

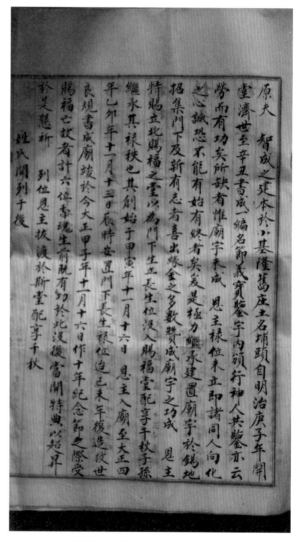

智成堂鸞生成神文件置放於神主牌內

說的是湖北武昌張氏烈女的故事，不願接受姑姑安排她與其友苟合，遂投井而亡。其烈行可憫，被冥王啟奏玉帝，委任為艋舺龍山寺的註生娘娘；再被提升為台南府觀音亭的觀音。

再以建甯府城隍潘為例：

「養育深恩不可忘，昊天罔極非尋常；或生或育恩皆重，子職無漸獲慶昌。」

訴說潘姓男子，生父家窮，將他賣予同宗親。他對養生兩府之父母皆盡人

子之孝。且經商有成，行善里社。歿後，天帝委為永安城隍；任數年，升建甯
府城隍。

這種「凡人成神」的故事，一再重複出現在日據時代各地鸞堂的鸞書。被
博陽出版社集合出版成《台灣宗教資料彙編》。其中，我們也可在新竹縣竹南
堡南福村育化堂刊行《一聲雷》、《渡世回生》及《牖民覺路》等鸞書，見到
這些神話故事。

從上述這些故事可知，鸞具有鼓勵信徒及效勞生追求人生終極目標的功
能。鸞書中他人成神經驗，對鸞生、信仰者產生修行的鼓舞作用。當他們努力
付出鸞務，樂於成為神的子民時，而神將會嘉勉他們，來世足以成神。此類神
話，鸞生常信以為真！

智成堂鸞書中的神明畫像

Part 3

人神溝通：
扶鸞過程

3.1 準備

扶鸞儀式為鸞堂或民間部分
教派最重要、代表性的宗教科
儀。然而,受限於「擴散型宗
教」的特質,各鸞堂、教派的扶
鸞儀式流程,不可能完全相同。

在此,選擇玄門真宗、獅頭
山勸化堂、宜蘭新民堂、基隆代
天宮、高雄意誠堂為例,化約
儀式為「準備」、「進行」與「圓
滿」三個程序作說明。

玄門真宗正鸞手進入通神狀態

靜坐與整裝

在儀式開始前,正鸞生大都會先行靜坐,為待會進行的扶鸞活
動準備。為了使自己能夠快速讓神明附體,他必須安靜自己的身心
靈,放空一切,準備儀式開始時,讓神明附體。因此,不少「正鸞手」

在儀式初起之前，都得到禪房或靜室「打坐」、「沈思」。

除了正鸞生在靜坐外，少數鸞堂的「護駕生」為了讓神明附體，他（她）也必須和正鸞手一樣，將自己放空，準備在扶鸞儀式開始時容易接靈。其他的鸞生，只須肅穆心情即可。

所有鸞生參與扶鸞和信徒穿著不同，他們為必須穿上法衣（或道衣），信徒則穿一般服裝。扶鸞前，鸞生必須先將法衣備妥或先穿上法衣。著上法衣之後，在司禮生的指引下，全體列隊就緒，魚貫進入鸞堂神殿。

鸞生在在殿外穿著法衣

鸞生準備進入扶鸞神聖空間

迎神、持咒、上香、灑淨

禮畢之後，鐘鼓生、誦經生、接駕生、護駕生及抄錄生就位。接著由司儀宣告接神的準備，由鐘鼓生擊鼓敲鐘，以兩個鼓聲搭配一個鐘聲，敲擊三十六鐘、七十二鼓，迎接諸天神佛。

再來，鸞手和鸞生共同進行三跪九叩禮。祭拜後，由全體鸞生或部分經生，依其堂規持誦神咒請神、淨壇。如：常見的〈淨三業神咒〉，也有誦〈淨壇咒〉，或是誦〈淨水讚〉、〈淨心真言〉、〈淨口真言〉。

接著，再進行上香迎神祭拜禮儀。部分鸞堂由正、副鸞手上香，其餘的鸞生，

鸞生靜候扶鸞開始

神職人員淨化扶鸞空間

扶鸞開始：誦經請神　　　　　　　　　　　　　　　　　鸞生上香

則是在旁雙手合十什起跟拜。也有鸞堂由正鸞手及天、地、人三才一起上香。或是全體鸞生一起上香，再由正、副鸞手第二次上香。

　　為了神聖化鸞台，皆有淨化之儀。部分鸞堂使用符咒淨化鸞筆、砂盤、鸞桌；部分則刪除此儀式。其次，少數鸞堂使用檀香爐熏繞正鸞手全身。第三，部分鸞堂由資深鸞生對扶鸞空間灑淨，潔淨法壇。

　　當鸞手或法師，左手持著淨水杯，口中吟著神咒，右手邊沾淨水，對扶鸞儀式現場進行灑淨的工作。神咒吟唱完畢，灑淨也告一個段落。此時，象徵扶鸞現場已經淨化，諸天神佛隨時可降臨此神聖場域。

　　大部分的鸞堂，都在主神內殿中的內壇，進行扶鸞與淨化，也只有鸞生可以進入此場域。一般未著法衣的信眾，只能在外壇的外面，聆聽與觀察扶鸞儀式的各種動作。

鸞生就位

　　灑淨之後，正鸞手移駕到內壇神桌正前方的鸞桌前，「唱生」佇立於右側，「抄錄生」則在正鸞生的左側，用鸞筆快速書寫。有些鸞堂已經使用多媒體（電腦）來記錄，以投影片布幕呈現鸞文。

　　少數鸞堂在內壇的右側，常會有一位資深鸞生「監壇」，負責監督儀式流程的嚴謹、正確。或是置一「宣講生」，在鸞文告一段落後，詮釋、演繹神仙

鐘鼓生誦經及接、送神駕

接、送駕生跪在廟前接、送神明

的詩句。其他的鸞生，則佇立在內殿兩側。

部分鸞堂外壇的神桌兩側，尚且設置「鐘生」與「鼓生」，負責鳴鐘擊鼓（木魚）接、送神駕。在鐘鼓生前面，則由「護駕生」在此空間通靈起乩。而在護駕生之前的外壇空間，則由乾、坤兩道的鸞生，靜坐聆聽聖示。

來到外壇門口，部分鸞堂設「接、送駕生」，他們長跪於此，準備迎接或歡送神明。部分鸞堂則把所有鸞生當接、送駕生，當司禮生喊鳴鐘接、送神駕時，全體面向外壇接、送神。

鸞生灑淨淨化空間

至於儀式進行的空間與時間，也有固定的型態。不少扶鸞的進行，都在廟宇的神聖空間，以內殿或偏殿居多。而為了使鸞務成為凝聚該教派信仰者共同情感及認同，許多鸞堂在固定的時間內舉行。

3.2 進行

　　扶鸞開始進行前，正鸞手進入薩滿境界；告一段落後，宣講是最重要的鸞務。不過，現在只有部分鸞堂保留宣講；大部分鸞堂，只有扶鸞而沒有宣講。

進入通神境界

　　當所有鸞生於內壇、外壇就定位後。正鸞手在扶鸞前，常有異於其他鸞生的舉動，藉此象徵通神，逐漸進入「薩滿現象」。

　　大部分正鸞手來到鸞桌前，會「眼睛微閉」；雙手以劍指的方式，放在鸞桌上面，再舉起右手，以「劍指」指向天空；有些則以「打嗝」幾聲、「吐出噯氣」；代表進入「恍惚」之境，頓時進入接引神明附體。

鸞手進入薩滿狀態

護駕同時也會進入薩滿狀態

正鸞手 (左二) 以打嗝方式讓神明附體

此現象是指神明附於人體後，此神職人員的身體或語言，呈現出與常人不同的肢體表現。有時神職人員會借助藥物，讓自己進入精神恍惚的狀態。但是，扶鸞儀式的鸞生，並未借助藥物。只是採用不同的姿勢與發出打嗝的聲音，象徵神明已經附體。

附體後的正鸞生手，手持單人鸞筆（尚有鸞堂採用雙人鸞筆），他以雙手持握此長約30公分，桃木作成的Y字型短支鸞筆，在Y字型鸞筆的前端下緣，連結著長約10公分的柳木，當作書寫的筆嘴，開始在鸞台上搖晃圈圈，準備在神明的附體指引下書寫文字。

約在此時，少數鸞堂新設的護駕生已經在外壇，也讓神明附體而「翩翩起乩」。外壇的護駕生，經常由一對男性、女性鸞生擔任，在他們通靈時，也都會發出異於常人的打嗝聲音，象徵神明已經附體。

起乩的護駕生，會持續到扶鸞結束。由於他們已經進入「恍惚」、「亢奮」

以平板記錄鸞文

以電腦記錄鸞文

將鸞文即時顯示在螢幕上讓信徒觀看

的狀態。所以，必須由其他的鸞生維護他們的安全，避免起乩過程中，撞到其他人或器物。

開始扶鸞

通神後，正鸞手執起鸞筆，敲打鸞桌幾下，代表神明降靈，開始在鸞桌上書寫。

有的正鸞手以單人操作，有的則要副鸞手搭配，雙人扶鸞。單人扶鸞者，鸞筆稍小；雙人扶鸞者，鸞筆稍大。也有單人持雙人鸞筆扶鸞，他只持左側鸞筆，右側鸞筆則以繩索繫住，另一端綁在橫樑垂掛下來。

他（她）執左側或右側鸞筆並無定論，依其鸞堂培訓或鸞手習慣而定。扶鸞時，他（她）「開口」說出鸞文，或「閉口」只負責書寫，由唱生說出鸞文，也沒有固定型態，而是依鸞堂培訓正鸞的方式決定。

如果鸞堂鸞手採用「閉口」形式，則常見「撥砂生」在旁掃平鸞桌上的「沉香粉末」或「黑砂」。不斷用小刷子將之平均鋪在鸞桌上，讓正鸞生寫的文字容易讓「唱生」辨認。考驗「唱生」的功力，誦出鸞文。

正鸞手採用「開口」形式扶鸞，他是整個鸞務的主導角色，一邊揮灑自如鸞筆書寫，一邊說出鸞文。這時，毋須唱生，只要抄錄生在旁抄錄，校正生立即校對就可。

當正鸞手一字一字書寫，唱生也逐字唱出鸞文。如果唱生一旦唱錯文字，此時，正鸞手會敲打鸞桌，重新書寫文字，讓唱生再次的辨認，直到正確為止。

以黑砂來扶鸞

以沉香粉末來扶鸞

鸞生分為乾、坤兩道站立，聆聽聖訓

此時抄錄生就開始用電腦輸入鸞文。而電腦也與外壇的多媒體螢幕連結，立即顯示神明的神諭，可以讓靜坐於外壇的乾、坤兩道鸞生，聆聽或閱讀聖示，來感應仙佛的指示。

仙佛教誨

從過去到現在，扶鸞進行分為「代天宣化」及「代天濟世」兩類。前者包括以神明為名著作「經典」，三教眾神下凡「勸善、修行」儒、釋、道的道德律或法門，凡人封神、神仙自己「行述」。

對於後者，鸞手持續接受信徒各種問題的提問。信徒只需要事先將自己的姓名、生辰八字、住所、面臨的困境及問題，書寫在提問單上。唱生逐一唱出這些信徒的資料後，神明也會對這些問題逐一回應。

神明用賜詩、賜畫勉勵，或賜文、對聯指示，或施符、開方、搭配「爐丹」（香灰）靈療等方式，回應信徒「擇日」、「經商」、「買賣田宅」、「事業」、「功名」、「家運」、「病痛」等各種問題。

神明會優先指引公事（廟裡的事情），這些公事大部分是指神明對鸞生的教誨。往往神明以降詩指示信徒，降完一首詩後，會對這首詩加以詮釋。依此類推，儒、釋、道三教的神明會輪流登上鸞堂的鸞桌降文。

幾乎扶鸞的詩文皆以儒、釋、道三教的基本教義為主軸。其中，以儒家的道德律闡述最多。再以佛、道兩教的修行法門及宗教神學論述為輔，向已經成為鸞堂的鸞生「教誨」。

高雄意誠堂堂主－洪榮豊宣講

獅山勸化堂唱生宣講

不少鸞生常態性的參與鸞堂扶鸞活動，深受此儀式所影響，他們對神登台降筆深信不疑，也樂於接受神諭，當作自己安身立命的生活行為準則，成為諸天神佛的學生。

從這些扶鸞內容來看，它具宗教教誨、服務信徒、宗教靈療與宗教諮商等效果。鸞生、信徒與神明間的互動，藉由鸞務展現，神明能夠高度且立即滿足他們的需求，並給予他們生活的指引。

神明臨壇

一般信徒剛開始接觸鸞務，他們內心經常會對扶鸞過程中，神明是否降鸞提出懷疑？

他們非常好奇神明是否來到現場，鸞文是神明附體於鸞手後寫出的旨意，或是正鸞手自己的想法。對於這種現象，「自然科學家」經常持懷疑的態度，宗教學者則對此「存而不論」。

宗教社會學家、人類學家或心理學家，以「人同此心，心同此理」的態度，將扶鸞活動詳實、客觀的記錄，並將儀式的過程所帶來的意涵、儀式的出現原因、儀式帶給信仰者的衝擊，及儀式對社會或宗教團體的影響等問題，提出分析、詮釋、解釋。

因此，神是否來到現場？鸞文是否為神明寫出？在過去的調查研究中顯現，鸞生、信徒幾乎對此皆信以為真。他們參與扶鸞儀式時，以「敬神如神在」的心情，樂於接受神的聖示，希望神給予指引。

宣講

　　傳統鸞堂大部分在扶鸞過程中，有宣講鸞文；現在只有少數鸞堂，保留此儀軌。

　　宣講是扶鸞中最具代表性的「教化」活動之一，宣講生是由資深、具漢學底蘊的鸞生，講解仙佛降臨下來的鸞文。藉由宣講，達到對信徒潛移默化，對社會移風化俗之功。或是在異族統治下，維繫我族漢文化的功能。

　　在宣講活動的全盛時期，有些鸞堂不僅能在堂內定時、定點的宣講，還可以遠赴異地，進行巡迴宣講。例如：日據初期，楊士芳派陳志德、吳炳珠等，到各地宣講善書《警世全篇》，並分贈各地廟堂及有學識之民眾。

　　不過，現代鸞堂的鸞手已經很少遠赴異地宣講。少數鸞堂如苗栗獅頭山勸化堂、高雄意誠堂，尚保留宣講。扶鸞降文告一段落，會在中途暫停；宣講生利用這一段時間，將今天仙佛降旨鸞文作述說，讓在場的鸞生與信徒聆聽。勸化堂廟方還會將仙佛降下來的鸞文，貼於佈告欄上讓參與鸞生、信徒及登山客可以看到仙佛的訓文。

宜蘭碧霞宮《治世金針》鸞文

宜蘭碧霞宮宣講記錄

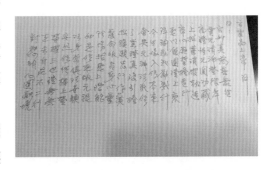

玄門真宗以金指妙法降筆的鸞文

　　玄門真宗的宣講儀式，則選擇在儀式結束後，請宣講生將鸞文唸誦給在場鸞生、信徒聆聽。至於，宜蘭新民堂老鸞手在時，就停止宣講。前兩年，鸞手仙逝後，也完全停止鸞務。

3.3 圓滿

送神、退駕

　　鸞堂的扶鸞時間，短則 1 小時，長達 3-4 小時。當請神「代天宣化」，為信徒「濟世」儀式後，司禮生高聲喊「送駕～～」，所有鸞生朝向門外送神。「鐘鼓生」立即敲 2 次木魚、擊 1 次磬，連續敲打 9 次，送走神明。

　　結束當下，部分鸞堂的正鸞手會以打嗝幾下、身體抖動幾下象徵退神。此時，旁邊的鸞生護衛、扶助他（她）的身體。正鸞手脫去神媒的角色，恢復成一般常人。

誦經、迴向文

　　筆者在參與觀察各鸞堂的扶鸞，發現有不同的圓滿方式。

　　玄門真宗會請全體鸞生、信徒一起吟誦回向文。至於苗栗獅頭山勸化堂、宜蘭新民堂尚未有此儀式；桃園真佛心宗，則唸〈關聖帝君覺世真經〉。

　　玄門真宗的迴向文如下：

神明退駕鸞手全身癱軟

「玄化道真普眾生，門跡常流儒學風；
　真命世恩修性靈，宗皈大道同功造；
　入修教門知真義，聖凡雙修法喜行；
　勤修敬誦互讚歎，無有恨瞋只祥和；
　寬慰喜捨減貪欲，互勉成就樂圓融。」

玄門真宗鸞生唸誦迴向文

扶鸞結束後鸞生禮謝法衣

高雄意誠堂鸞生揖拜後，結束儀式

　　此迴向文是該堂自行創立，受佛教迴向文影響，在儀式結束時，成就彼此功德。看其文意，主要是讓鸞生、信徒經此儀式，感受儒家之風，知道身入鸞門修行之義理。

　　平時就在人世間修聖教之道德，同門師兄姊同窗共同修行、日日精進，彼此相互砥礪、讚歎、鼓勵。處在人世，樂於佈施行善；與人相處，少怨恨與貪、嗔、癡。最終，修到喜悅的圓融境界。

　　共同唸誦此經文，滿心歡喜，圓滿了扶鸞儀式。

3.4 扶鸞流程與神聖空間

玄門真宗扶鸞儀式流程

　　玄門真宗的扶鸞儀式，以單人扶鸞為主，與傳統儀式有所不同，該團體由男、女性皆可擔任正鸞手，是當代扶鸞團體中的新興教派。

　　扶鸞儀式序如下：

　　1. 全體肅立，對恩主公行三鞠躬禮

　　2. 穿著法衣（主法帶引著披肩）

　　3. 鍾鼓生、誦經生、接駕生、護駕生及筆抄生就位

　　4. 進行三十六鐘七十二鼓，迎接諸神仙佛，主法向外上香，請諸神至臨壇進行儀式

　　5. 主法上香祭拜後，全體進行三跪九叩禮並持誦經咒

　　6. 主法進行灑淨儀式

　　7. 鸞手就位，開始進行薩滿

　　8. 開始扶鸞

　　9. 先辦理公事（廟裡的事情）

　　10 再辦理私事（信徒詢問的問題）

　　11. 扶鸞完後，唱生共同宣唱「送駕」，進行送駕儀式並唸誦迴向文

　　12. 解法衣及淨壇

　　13. 宣講（說明諸神降下的鸞文）

　　14. 禮成

玄門真宗扶鸞儀式的神聖空間

　　玄門真宗扶鸞的神聖空間，包含內壇與外壇兩部分。在神殿的內壇扶鸞，只有筆抄生、唱生與正鸞生身在其中。至於外壇，則有誦經生、鐘鼓生、護駕生、接、送駕生、司儀及其他的乾道與坤道的鸞生。扶鸞前的灑淨，包含內外壇，灑完淨以後，整個空間趨向神聖化，所有鸞生正襟危坐，用謙卑尊重的心情，準備仙佛到臨鸞堂。

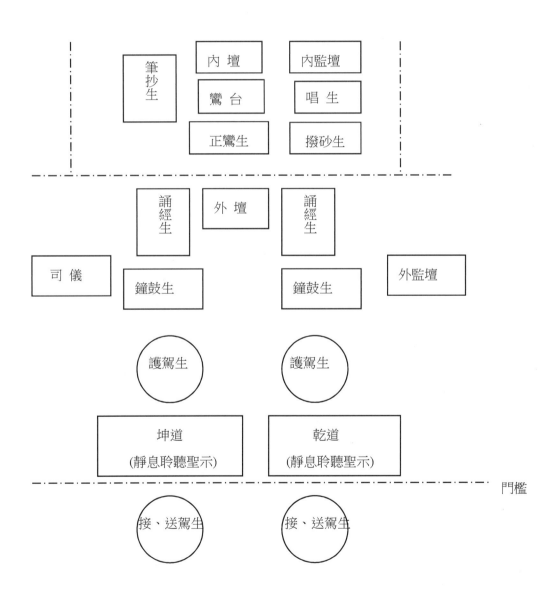

苗栗獅山勸化堂儀式扶鸞流程

苗栗獅山勸化堂是以「雙人扶鸞」方式來進行，並在每個月的 2、6、12、16、22 及 26 日扶鸞濟世。不過百年以來，除了在日據時期的「皇民化運動」期間外，均依照既定日期舉行扶鸞儀式。而儀式是由男性鸞手主持，只接受男性成為鸞生；至於女性，則只能在外殿聆聽聖示，成為一般的信徒。

扶鸞儀式序如下：

1. 鸞生接駕，分立左右兩排

2. 一同肅立鞠躬

3. 鸞生唸誦淨三業咒、淨壇咒

4. 接駕生、擊鼓生準備迎接仙佛

5. 正、副鸞手、執事鸞生各就其位，各司其職

6. 正、副鸞手參香

7. 正鸞手火化令符，置於砂盤中，燃三角金紙化淨法具

8. 正、副鸞手手執鸞筆，正鸞進行薩滿（神靈附身）

9. 仙佛附身後鸞筆開始旋轉並顯示文字。

10. 正鸞手首先唱出降臨的仙佛名字

11. 效勞生合掌恭迎仙佛

12. 開始辦理公事（廟裡的事情）

13. 宣講生，說明諸神降下的鸞文內容，供信眾明瞭

14. 仙佛降旨的符咒化成符水，供信眾飲用

15. 公事結束後開始辦理私事（信眾提問的事情）

16. 送駕

苗栗獅山勸化堂扶鸞儀式的神聖空間

　　苗栗獅山勸化堂的神聖空間，包含內殿與外殿。在廟宇大門口以內的內殿，為男性鸞生參與扶鸞的地方；大門口之外，為善男信女則在外殿左右兩側群聚，聆聽仙佛聖訓。在內殿中，正鸞手在鸞台左方，副鸞手在其右方，在左右鸞手後訪為神明座椅，撥砂生在鸞台的兩側，而在撥砂生旁邊的為筆抄生和宣講生，其餘的男性鸞生，站在殿堂的左、右兩側聆聽鸞訓。內殿靠近門口處堂有接送駕生，在接送駕生的兩側為鐘鼓生。

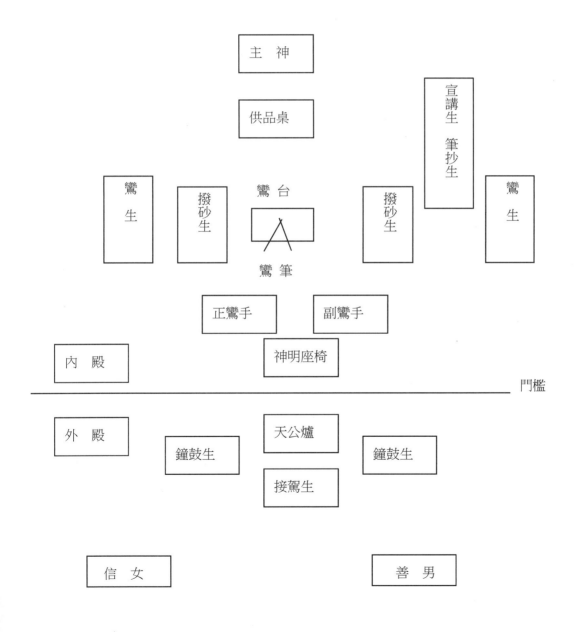

埔里混元門道光山萬聖宮扶鸞儀式流程

　　道光山萬聖宮以每日接受預約扶鸞濟世，該宮廟扶鸞是以單人扶鸞為主，也接納女鸞手進行濟世，也是新興的扶鸞團體。

　　扶鸞儀式序如下：

　　1. 混元門道光山萬聖宮扶鸞共修開始

　　2. 全體肅立、鳴鐘（36 下）擊鼓（72 下）

　　3. 恭向混元聖祖暨本宮列位聖神仙真、諸佛菩薩行參拜禮、一拜、再拜、三拜，請轉身朝向天恭請

　　4. 混元一炁化大千蒼靈被恩，聖祖三光照滿方子民受福，天運下元歲次○○年○月○日由混元導師寶驊子帶領門生、信眾恭請　混元聖祖暨道光山萬聖宮列位恩師，降鸞開示、道光普照加持參鸞眾弟子，元辰光彩、命運清光、身體康安、道業精進、事業順利、闔家平安、業障消除、福慧增長、一拜、再拜、三拜，起轉身向內。

　　5. 恭向　混元聖祖暨本宮列位恩師，感恩、一拜、再拜、三拜，集香（一拜）

　　6. 鸞生就位（主鸞生、唱鸞生、筆記生）其他人員不動

　　7. 恭請神咒

　　8. 當唱鸞生唱出仙佛名號後

　　司儀喊：今日○○仙佛降鸞開示，全體門生，信眾、行三跪九叩迎接

　　敬禮（作揖）、跪一叩首、二叩首、三叩首、升

　　敬禮（作揖）、跪一叩首、二叩首、三叩首、升

　　敬禮（作揖）、跪一叩首、二叩首、三叩首、滿叩首、高升

　　9. 當唱鸞生、唱出仙佛以退之後

　　司儀喊：○○仙佛降鸞開示，全體門（鸞）生、信眾感恩仙佛、行三跪九

叩首

　　敬禮（作揖）、跪一叩首、二叩首、三叩首、升

　　敬禮（作揖）、跪一叩首、二叩首、三叩首、升

　　敬禮（作揖）、跪一叩首、二叩首、三叩首、高升

　　10. 扶鸞共修圓滿，退（左腳一小步）敬禮（作揖）（鼓掌）

埔里混元門道光山萬聖宮扶鸞儀式的神聖空間

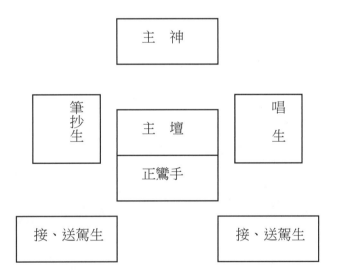

　　埔里混元門道光山萬聖宮的扶鸞儀式神聖空間，雷同於上述兩個鸞堂，只不過該堂的組織比較簡單。在廟宇的殿堂中構成的神聖空間，正鸞手為單人扶鸞，立於主神神桌之前的鸞台前面；至於，唱生站立於鸞台的右側，筆抄生在鸞台的左側，接送駕生則在殿堂門口接送神明。

Part 4
沐恩鸞下：
扶鸞參與者

扶鸞並非一個人的儀式，而是多個鸞生的組合。

「基本型」鸞務組織包括：正鸞手、唱生、抄錄生等人，又稱天、地、人三才；部分鸞堂尚設副鸞手 1 人。「擴張型」鸞務組織包括：宣講生、校正生、撥砂生、監壇生、誦經生、送迎生、司茶果生、司香生、鐘鼓生及護駕生等。

前者約 3-5 人，就可扶鸞；後者的組織較為龐大，少則十人，多則數十人不等。

他（她）們各自扮演什麼角色？實在令人好奇！

4.1 鸞生為扶鸞的骨幹

基隆代天宮女性正鸞手主持鸞務

　　「鸞生」是所有教派扶鸞時的成員，他們是維持鸞堂人力、物力的主要資源。

　　他們是神明的子民，又以其之學生、神職人員自居。常「沐恩」於恩主公鸞台座下，聆聽教誨，又稱為「沐恩鸞下」。他們又以神明的教誨為生活的準則，以神明為師，成為神明的「門下」，又稱為「門下生」。

　　另外，當他們穿上法服，就承擔服務鸞堂、投入鸞務的志業。無怨無悔的效勞神明，為鸞堂出錢出力，奉獻鸞務；甚至無酬的宣揚恩主公信任。因此，又稱為「效勞生」或「效值生」。

無論是鸞生、沐恩鸞下、門下生、效勞生或效值生，他們皆是鸞堂推動鸞務的骨幹。他們是由信徒轉化而成，在成為信徒期間，短則幾個月，長則1-2年，願意經常性的奉獻、效勞、無私投入鸞務。再由正鸞手代表神明，於扶鸞時賜其「法號」。

此時，他的身份就從「信徒」，跨越門檻，轉換成為鸞堂內的「鸞生」。這如同制度性宗教的「洗禮」、「皈依」等儀式；他（她）通過考驗，成為神明座下的鸞生。

由於鸞務成員來自社會中廣大的群眾，一般大眾有可能成為信徒。而信徒效勞鸞堂一段時間，也有可能再轉成為鸞生。這種轉化的機緣，主要在於個人「人脈網絡」中的「親身傳播」效果。不少鸞生介紹自己的親朋好友接近鸞堂，參與扶鸞進而成為信徒，或甚至也變成鸞生。

因此，當我們來到鸞門，經常可以見到許多的親子檔、夫妻檔、兄弟姊妹檔、同事或朋友檔，他們相偕成為鸞生。共同參與扶鸞，效勞恩主公！

中華玉線玄門真宗教會
【司職人員介紹】
■指　導：玄興 教尊
■內監壇：玄信師
■外監壇：玄慈師
■主筆生：妙 筆
■唱　生：玄真師、玄勝師、玄德師、明詮
■筆抄生：明竺師、明圓、明觀、明君、明皓
■鐘鼓生：明覺、明育
■接駕生：明得、明茹
■獻香生：明滋
■護駕生：明真、明舜

玄門真宗扶鸞職務表

鸞生等候扶鸞儀式正式開始

正鸞手為扶鸞儀式主要核心角色

4.2 正鸞手為扶鸞的關鍵角色

屏東車城統埔鎮安宮由女性擔任正鸞與副鸞

在眾多鸞生中，只有少數鸞生會被培養成「正鸞手，他們是扶鸞儀式的關鍵角色，而且是神明的代言人」，也是鸞務的靈魂。只有他被神明附體，可以通神，當作傳達神明旨意的媒介。

因此，在鸞堂變遷史中，幾乎可以說下面兩條「定律」（law）：「沒有正鸞生的鸞堂，鸞務極易終結」；「沒有正鸞生的鸞堂，鸞堂如果未轉型，就容易萎縮」。

正鸞手與性別

誰來擔任正鸞手？傳統與現代有差異嗎？

在傳統的鸞堂或民間宗教當中的各教派鸞務，只是由男性擔任正鸞手。現代，則出現了轉化，女性正鸞手出頭天，她已經不讓鬚眉。

在苗栗獅頭山勸化堂、三芝錫板智成堂、樹林丹天善堂、高雄意誠堂、新店混元門道光山萬聖宮、西螺福興宮及淡水行忠宮等鸞堂，都是由男性鸞手主

早期鸞堂以男性擔任鸞手 1

早期鸞堂以男性擔任鸞手 2

玄門真宗的開山立教陳桂興教尊

持鸞務。其中，苗栗獅頭山勸化堂、高雄意誠堂、三芝錫板智成堂，它們都是屬於百年以上的傳統鸞堂。

至於部分的鸞堂如高雄東照山，或民間教派中的玄門真宗、一貫道、天道等，則有女性擔任正鸞手的新興現象。

女性擔任正鸞手，肇因於現代女性普遍受教育、經濟相對獨立、女子熱愛宗教及社會流行女性主義（feminism）價值觀等因素；它打破了傳統儒家「重男輕女」的現象。

我們估計男性、女性皆得為正鸞手的趨勢，既符合現代男女平權的時代潮流；也為鸞堂注入新血輪。

正鸞手常是鸞堂的宗師

正鸞手是所有扶鸞儀式的主導者，他形同諸天神佛的代言人。當他能夠通靈時，就成為神佛的媒介，神佛的神祕力量，經由他手持鸞筆，寫出各種優美的詩詞歌賦，成為信徒行為準則。

因此，正鸞手在民間宗教各教派，經常是其他鸞生與信徒

的宗教領袖。往往正鸞手是德高望重的修行者，長期投入鸞務，贏得其於鸞生的敬佩與認同，他是民間教派的主要宗教神職人員。

鸞堂的鸞生、信徒，以「老師」、「宗師」、「教尊」等名稱尊稱正鸞手。拜師儀典頗為隆重時，門生對他行儒教的跪拜禮，或「三跪九叩」的至尊禮，以表尊崇。

他類似佛教的大和尚、法師，道教的道長、天師，基督教的牧師，天主教的神父、主教及伊斯蘭教的阿訇。精通扶鸞及鸞堂各項儀式，對神的降筆、詩文重新詮釋，贏得信徒的支持與尊重。

獅山勸化堂正鸞手廖泉榮

正鸞手通神寫經典

正鸞手通神有兩種方式：常見的是仙佛附體於其身上後，他（她）代表仙佛拿起桃木柳枝的鸞筆書寫。比較少見的是仙佛附體在鸞筆上，他（她）只是隨著靈動的鸞筆，在鸞桌上的砂盤寫字。

寫出的文字稱為「神諭」、《真誥》，又叫「鸞文」。鳩合信徒、鸞生出資作功德，將鸞文結集付梓，免費贈送世人。鼓勵大家實踐儒家道德律、勸人行善，又稱此書為「善書」。

1920-1960年代，三芝錫板智成堂正鸞手楊明機，扶鸞著造《救世良規》、《茫海指南》、《因果循環》、《覺路金繩》、《清心寶鏡》、

楊明機正鸞貢獻卓著

《迷津寶筏》、《苦海慈航》、《茫海指歸》、《六合皈元》等9本善書。並在1936年寫的《儒門科範》，至今，仍然是鸞堂各類科儀的重要參考典範。

1950年代，本地正鸞手施曉山、杜爾瞻、林景雄、吳金卿、鄭水龍等人，在士林慎修堂扶鸞著造保生大帝《大道真經》，目前是台灣及大陸保生大帝廟宇的主要經典。現在無極天元宮黃阿寬，創作《白陽真詮》，為全省無極天元道脈信徒必誦之典籍。

1950-1970年代，淡水行忠堂、台北智仁堂正鸞手張其年，在淡水扶鸞著造《喚世奇篇》，在台北扶鸞創作《鸞噦精華》5部。他的快速通神，降筆書寫對聯、詩詞能力，令人嘖嘖稱奇。使這兩堂每逢濟世時間，堂內人聲鼎沸，信徒雲集。

台中聖賢堂正鸞手勇筆扶出的《玉皇普度聖經》。傳承《洞冥寶記》的神話，再次證實關帝聖君為第十八代玉皇大帝-玄靈高上帝。這個神諭，已經變成當代台灣鸞堂中，關公信仰群眾的共同信念。

楊明機扶鸞著作

張其年正鸞手扶鸞著作

正鸞手決定鸞務興衰

台中聖賢堂目前已經停止扶鸞

正鸞手往往是決定鸞堂、鸞務興衰關鍵的角色。

當他擁有通神的扶鸞能力，扶出的鸞文具說服力；或是以扶出濟世時，滿足信徒、鸞生的宗教心理需求時；該鸞堂趨向興盛。反之，在「信理才信乩」的前提下，鸞文及濟世與理脫節，鸞務、鸞堂相形衰敗。

正鸞手的「扶鸞魅力」，結合他無私、無我的品行，具宗教視野、修行法門，使他像塊磁鐵，足吸引更多的信徒、鸞生投入門下。只要有「跟隨者」，他的聲望隨之升高，鸞務也跟著興盛。

聖賢雜誌社出版許多善書

《天堂遊記》

《地獄遊記》

正鸞生楊贊儒改宗出家

　　如果正鸞手失去通靈能力，他不再被神明附體，無法寫出鸞文，往往就使鸞務萎縮，鸞門的信徒、鸞生頓失依靠。這是今日的鸞堂現象，與日據時代鸞堂相比，呈現急遽萎縮，已經不可同日而語。

　　例如：台中聖賢堂正鸞生楊贊儒扶出《天堂遊記》、《地獄遊記》。之後，他霎那間失去通靈能力，只好帶領信徒到山裡自力耕作而食。他從此出家，在坪林山區種茶、修行。

　　宜蘭玉尊宮本來由正鸞手李炳南居士主持鸞務。據信，他在失去通靈能力後，只好轉而教授弟子讀經、誦經。最後，成立大型誦經團隊，至海內外各大友廟的宗教節慶、神明聖誕時「贊經」。

　　跨入廿一世紀後，新生代的正鸞手台灣地區在各地的鸞堂扶鸞，大部分未受過深厚的漢學教育。他（她）們的漢文基礎稍弱，不如清季、日據及國府威權時代的傳統老鸞手。因此，扶出的鸞文和過去相比，白話文的色彩較為濃厚。儘管有詩詞的外表形式，然而卻沒有傳統詩詞平仄聲的音韻。

　　但是，這也不妨礙他們成為神的代言人。只要鸞文意理，能宣揚儒、釋、道三教的基本教義，一樣能夠吸引信徒跟隨。

宜蘭玉尊宮李炳南居士

【與神對話】

4.3 副鸞手輔助正鸞手扶鸞

竹山克明宮天、地、人三才鸞生

　　並非所有鸞堂皆設置副鸞手。

　　鸞堂採用雙人鸞筆扶鸞，除了正鸞手之外，尚需要有副鸞手，輔助正鸞扶出鸞文。扶鸞時，在正鸞手通靈後接到神的旨意，以雙手不斷扶搖鸞筆一側，寫出神的話語。副鸞則配合正鸞，雙手輕輕扶著鸞筆，隨之搖晃。

正、副鸞手

竹東慈惠堂正鸞、副鸞及撥砂生

高雄意誠堂、宜蘭新民堂等鸞堂，會把站在鸞筆左側的正鸞手稱之為「左鸞」，站在鸞筆右側的副鸞生當作「右鸞」。但是，這並非定論；部分鸞堂如三芝智成堂、獅頭山勸化堂，正、副鸞手的位置，剛好與前者完全相反。

另外，當正鸞手執小支單人鸞筆，如玄門真宗在扶鸞時，就沒有設置副鸞。扶鸞完全由正鸞手一人擔當。此外，基隆代天宮的扶鸞，其正鸞手雖然執雙人鸞筆，但是，另一邊用繩繫到樑上。因此，也未設置副鸞手。

4.4 「天地人」三才鸞生

玄門真宗天、地、人三才鸞生

一般言，鸞務的推動除了正鸞與副鸞外，尚需要「唱生」與「抄錄生」。但是，「唱生」也不一定要設置。

正鸞手代表「天」，當他是「閉口」乩生，象徵「天不言」，只能書寫鸞文傳達神意。唱生則代表「人」，在旁觀察鸞台上的鸞文後，大聲說出文字。抄錄生代表「地」，他只能寫、不能說，因此有「地不語」的象徵。只能默默地記錄神的話語。

在一貫道各組線，通稱此三者為天、地、人「三才」，他（她）們是扶鸞

組成的基本成員，為推動鸞務的基礎人力資源。然而，來到一般鸞堂，則直呼正鸞手、唱生及抄錄生。如果採「開口」正鸞的型態，常由副鸞複誦正鸞的詩文，就不再設置唱生。

為了避免「閉口」正鸞手書寫的詩文看不清楚，部分鸞堂設置 2-3 名唱生，交叉比對仔細觀察文字後，再說出鸞文。或為避免唱生傳達錯誤，部分鸞堂也會設置 2-3 名抄錄生，交叉比對後，再記載相對正確的鸞文。

4.5　各類鸞生

除了天、地、人三才組成鸞務外，在日據及國府初期的傳統鸞堂，設不同職務的鸞生：如「堂主」負責總監堂事，「總理」經理堂務，「宣講生」負責鸞文闡述，「校正生」負責校正鸞文的錯別字，「監壇生」糾察儀式須合乎禮儀，「獻花、果、香生」負責司禮神明。

到當代，規模稍大的鸞堂，增設下列幾種職務的鸞生：如「撥砂生」負責掃平鸞台上的淨香、河砂，「接、送駕生」長跪在門口送迎神明，「鐘鼓生」在外殿固定時間敲打木魚、銅磬，「誦經生」負責課誦〈寶誥〉請神，「護駕生」負責通神起舞等。

抄錄生

唱生

司香生

送迎生

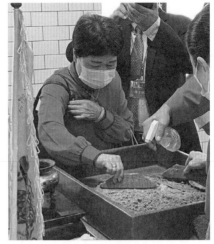

撥砂生

　　每個鸞堂依其規模大小，設置不同職務的鸞生，並沒有一致性的組織成員。

　　例如：獅頭山勸化堂仍然保留「監壇生」，由其資深的鸞生擔任，維護鸞務的神聖性。玄門真宗，設立其他鸞堂少見的「護駕生」，由兩位鸞生在扶鸞初起時，直接感應神「隨乩起舞」。

　　又如丹天善堂由資深鸞生擔任「誦經請神」，他以漢語清唱《列聖寶經》中的〈寶誥〉。玄門真宗則由資深鸞生法師「持咒淨水」請神，灑淨時唸誦〈淨三業神咒〉或其他的經咒。高雄文化院則集合所有鸞生，人手一本鸞歌，「共同吟唱鸞歌」請神；這可能是受到基督教用聖歌讚美神方式所影響。

　　此外，參與鸞務的鸞生，得以在廟宇的內殿祭拜神明、聆聽神明話語，一

校正生

司茶果生

91

般信徒只能在殿外。獅頭山鸞堂廟方
扶鸞時，要求鸞生列隊，站立於廟宇
內殿的兩側走道，一站就是數小時。
玄門真宗、真佛心宗等鸞堂，則讓乾、
坤兩類鸞生，分別於內殿靜坐。

　　綜合上述參與鸞務的人員可以得
知，扶鸞需要相當多的鸞生參與。與
乩童、桌頭組成為信徒的「辦事」，
或是1名道長為信徒的「解祭」相比，
扶鸞人員的組成相對多且複雜。

宣講鸞文

高雄東照山關帝廟鸞務由天、地、人三才及鸞生組成

扶鸞組織、鸞生及功能

組織類型＼項目		執掌	功能	通神
基本型組織	正鸞	1. 代表天 2. 主持鸞務	1. 代天宣化 2. 書寫鸞文、經典 3. 濟世服務信眾	神明附體
	副鸞	輔佐鸞務	協助正鸞扶鸞	不一定
	唱生	代表人辨識鸞文	觀察、宣讀鸞文	不一定
	抄錄生	1. 代表地 2. 聆聽唱生所言	記錄鸞文	不一定
擴張型組織	宣講生	理解仙佛詩文	1. 解讀鸞文 2. 教化子民	不一定
	校正生	比對鸞文	校對鸞文確保正確性	不一定
	司香生	獻香	隨時增添香火	不一定
	撥砂生	掃砂	鋪平黑砂或沉香	不一定
	監壇生	監督	維持鸞務禮儀	不一定
	誦經生	扶鸞前課誦	誦經請神	不一定
	送迎生	送迎神明	扶鸞時長跪於門口	不一定
	司茶果生	準備供品	扶鸞時獻茶果	不一定
	鐘鼓生	準備迎送神	敲打鐘鼓迎送神駕	不一定
	護駕生	靈動起舞	護衛法壇	神明附體

Part 5
神聖器皿：
法器及供品

玄門真宗鸞筆、香爐、鸞台及沉香

　　傳統扶鸞具有相當濃厚的神祕色彩，一般民眾要理解鸞生使用的法器，難度甚高。還好玄門真宗、高雄意誠堂舉辦全國扶鸞展演及討論會議，部分鸞堂同意將扶鸞法器公諸於世，才揭開此神秘面紗。

　　扶鸞使用的法器甚多，以鸞筆為核心，與其相關的尚有鸞台，鸞台上的沉香、硃砂或河砂，神桌上的木魚和磬。有時神明會畫符，少數鸞堂備有文房四寶、代表神明的印章。

　　另外，尚包括鸞生所穿著的法衣，儀式開始前，鸞生必須對諸天神佛獻上各種供品，包括茶、酒、水果。請神時唸的經咒及鸞手通靈後，直接書寫於黃色紙上的「金指妙法」。

5.1 鸞筆與畚箕（乩）

鸞筆是扶鸞儀式最重要的關鍵法器，由通靈者扶著「鸞筆」，寫出「天書」，即諸天神佛的旨意。

最早的鸞筆形式為「箕」，在箕上插一支毛筆。再將之用繩索綁上，掛於屋中的橫樑上，再由通靈者手扶畚箕，輕搖毛筆在鸞台上寫字。

而「箕」與「乩」相通，因此，許地山在《扶箕迷信的研究》，將扶鸞稱為「扶箕」，又稱為「扶乩」就是這個道理。

桃木、柳枝構成鸞筆

鸞筆的樣式大部分是由「Y字型」的「向陽桃木」構成主幹，而在桃木的Y字型前端崁上「向陰柳木」，當做鸞筆的筆嘴。依據玄學的說法，向陽桃木與向陰的柳木構成的鸞筆，代表「陰陽」的結合。

這項傳統習俗至今，被鸞堂的鸞生所接受。因此，他們在製作鸞筆時，無論是樣式和材料的取得，大部分根據此項傳統而來。

用紅絲線綁住單人鸞筆

桃木柳枝構成Y字型鸞筆

　　傳統的鸞筆大部分是雙人鸞筆，它必須由正鸞手與副鸞手，各持Y字型的兩邊。往往正鸞生在左扶持鸞筆，又稱為「左鸞」；副鸞生在右扶持，又稱為「右鸞」。

　　但是，也有部分的鸞堂剛好顛倒，正鸞生站在Y字型鸞筆的右邊，副鸞生則在Y字型鸞筆的左邊。因此，我們可以得知，這兩類的扶鸞樣式都可能存在台灣的鸞堂。

鳥頭、龍頭鸞筆

　　鸞筆的樣式只要有雕刻，大部分會雕成「龍頭」，少數雕成「鳥頭」。

　　就鸞的原意，本來為「赤神靈之精也，赤色五彩，鳴中五音，頌聲作則至」。是祥瑞之神鳥，見到祂則「天下安寧」。

　　在漢初明帝時，《諸獲麟寶典》：「鸞，神鳥也，於漢初出西城而棲息西歧，啄雪成砂篆，以傳神意，儆示亂民，匡正世俗」。就是指天上神鳥下凡到人間

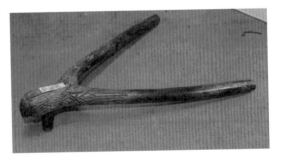

高雄明心社修善堂鳥頭鸞筆

東港鎮靈宮龍頭鸞筆

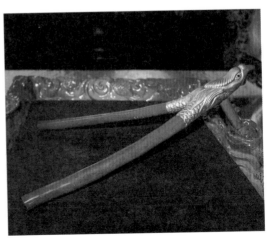

三芝智成堂龍頭鸞筆　　　　　　　　高雄東照山關帝廟鳥頭鸞筆

宜蘭感應宮的龍頭鸞筆

素樸型鸞筆

傳達神諭。依此類推，傳統扶鸞的鸞筆，理論上應該是天上飛鳥的樣式比較合理。

宗教人類學家歐大年，他曾經調查台灣地區的扶鸞，寫出《飛鸞》這本書。書名的英文為「Flying Phoenix」，書的意涵是會飛的鳳凰鳥，應該是他對「鸞」字的理解。將扶鸞時鸞手快速的搖晃鸞筆過程，看成像是一隻飛翔的鳳凰鳥。

然而，鸞筆由「鸞鳥頭」變成「龍頭」筆的樣式，可能跟漢文化中的儒家思想有關。鸞堂是指以儒為宗，釋、道為輔，三教天上眾神來到人間降筆。這些神明大部分是男性神，鸞堂也在傳達儒家的人倫道理，以代表男性的「龍」，取代女性的「鸞」，是合理的轉化。

此外，「龍」在中華文化傳統中象徵「至尊」地位，神在信徒心目中的亦是「至尊」無上的，用龍取代鳳，也是合理的聯想。不過，這兩種說法只是筆者大膽的揣測，僅供讀者參考。因此，我們發現台灣地區的鸞堂，無論是單人鸞筆或雙人鸞筆，以龍頭的樣式為主。

單人或雙人鸞筆

除了扶乩、撐轎外，台灣大部分的扶鸞活動都採用「鸞筆」，只不過鸞筆的樣式、大小不同。

就樣式來看，大部分鸞堂採用雕刻成雙人「龍頭」鸞筆，以三芝錫板智成堂、淡水行忠宮為代表。少數採用雕刻成雙人「鳳頭」鸞筆，只見之於高雄意誠堂關帝廟。也有鸞堂用沒有雕刻的「素樸」鸞筆。

筆型鸞筆：彰化福山宮（1）　　　　　斗六福興宮（2）

　　就大小來看，則可分為「單人鸞筆」或「雙人鸞筆」兩類。這兩類都做成「Ｙ字型」樣式。前者，長約 40-50 公分，重約 1 公斤；後者，長約 120 公分，重約 5 公斤。

　　只有極少數的鸞堂或教派採用的鸞筆異於Ｙ字型的樣式。像一貫道「開砂」（扶鸞）時，採用的鸞筆就類似「丁字型」，就由單人扶持，書寫鸞文。

　　中部地區玉旨相德聖壇的鸞筆，則為類似「毛筆」的形式，由正鸞生手握

三芝智成堂採取雙人龍頭鸞筆扶鸞

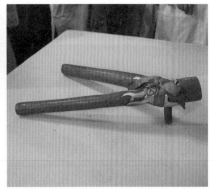

玉旨相德聖壇（3）　　　　　ㄚ字型鸞筆：玄門真宗（左）、大潭保安宮省修社天恩堂

住此直立型的鸞筆，以單人單手進行扶鸞。至於，斗六福興宮道元堂的鸞筆，與傳統鸞筆的樣式不相同，將鸞筆雕塑成一支「人手握持筆」的樣式，由正鸞生雙手扶住這支鸞筆。

過去學界曾論述，閩南人鸞堂慣於採用雙人鸞筆，客家人鸞堂慣於採用單人鸞筆。像客家人鸞堂，如苗栗獅山勸化堂、竹東慈惠堂，都採用雙人鸞筆。相反地，閩南人鸞堂如埔里萬聖宮、桃園真佛心宗及玄門真宗等，都採用單人

高雄鳳邑仁美社合善堂採取單人ㄚ字型鸞筆扶鸞

淡水清水祖師繞境前，攢轎乩手指示啟動時辰

鸞筆。

由此可見，採用單人或雙人鸞筆，與族群無關，而是和該宗派的宗教領袖及宗教傳統習慣有關。

5.2 攢轎是鸞

現代台灣鸞堂已經少見鸞手用「箕」扶鸞，倒是有極少數的廟宇上存有「攢轎」降筆。

乩生扶著神明坐在「單人攢轎」，通靈後用此轎在神桌上寫出了文字。在宜蘭奠安宮、宜蘭感應宮、馬祖天

白沙屯媽祖攢轎乩手決定繞境路線

后宮、嘉義先天宮等廟宇，皆保留此降筆形式。

　　也有極少數的「雙人攑轎」，由2人攪扶，乩生在前、另外一人在後扛抬，神明透過乩生表達旨意。像在台中烏日東女慈聖頭庄媽、淡水清水祖師廟即是此樣式。後者，就由「桌頭」詢問農曆5月5日的暗訪、5月6日的日巡時間。「乩生」扛著攑轎在桌上寫出文字，由他說出遶境時辰。

　　這種大型的攑轎，尚可見之於苗栗白沙屯拱天宮的遶境進香。媽祖的靈力附體到抬轎的乩生，由他決定了媽祖要走哪一條路線。因此，每年媽祖神轎往北港朝天宮遶境進香路線皆未固定，成為該廟的特色。

　　這種樣式有點類似攑轎，都由神的旨意決定。只不過傳統扶鸞的攑轎是由乩生在神桌上寫出文字；而扛媽祖神轎的乩生沒寫出任何文字，只是決定進香的方向和方位。

台中東女慈聖宮頭庄媽以攑轎乩手扶鸞

5.3 香爐、香與淨水

「香爐」、「香」、「金紙」、「淨水」是鸞堂在扶鸞時淨化的神聖物及象徵物。

在玄門真宗鸞手扶鸞前,「香爐」由資深法師捧著,其他人員跟隨在後,肅靜、魚貫的至天公爐外,對天祈禱「迎神」;祭拜完之後再返回內殿,將之置於神桌上,象徵神明已經降臨。

在宜蘭新民堂、斗六福興宮,扶鸞前神桌上的「香爐」已經燃燒淨香。除了香煙上傳天界外,告知即將扶鸞;正鸞手雙手捧著香煙裊繞的香爐「淨化」自己身體,象徵潔淨身心靈,就可扶鸞。

宜蘭感應宮鸞生以香淨化空間

斗六福興宮以金紙淨化鸞筆

宜蘭新民堂鸞生以香爐淨化扶鸞空間

獅頭山勸化堂在扶鸞儀式前以香淨化

「香」是指「線香」,人神溝通的重要媒介;與「香爐」中的「淨香」有異曲同工之妙。扶鸞前,常見眾鸞生先行上香,行三跪九叩的儒家禮儀,傳達

彰化福德福山宮法師以金紙進化神椅　　　玄門真宗鸞生灑淨淨化空間

人對神的謙卑懇求的敬意。具有「懇求神明降筆」之意。於宜蘭感應宮，尚可見到將線香插在鸞筆龍頭兩側，象徵「淨化」鸞筆。

　　「金紙」與「淨水」則有「潔淨」或「灑淨」法場的功能。前者以彰化武德福山宮、斗六福興宮為代表，後者以台中玄門真宗為例。

　　這兩種「淨化」方式，都是請資深鸞生操作。在用小束「壽金」淨化時，由鸞生以火點燃，在鸞桌四周揮灑，象徵已經潔淨此界。鸞生用「淨水」灑淨時，他左手持著淨水杯，左手的姿勢為中指、小指內彎，其餘三指豎起，代表天、地、人三才。

　　他將杯水放在內屈的中指上，由姆指、食指及無名指夾住。他一邊持〈淨水咒〉，一邊以右手沾著杯中的水，向扶鸞儀式現場四周灑淨，使儀式現場「神聖化」與「潔淨化」。

　　鸞生在扶鸞前，幾乎同時操作四個神聖物的科儀。「香爐」、「香」代表人神之間溝通不可或缺的媒介，具有「禮神」、「迎神」及「淨化」之效。至於「金紙」與「淨水」，則是代表「潔淨扶鸞的空間」之功能。

5.4　鸞台與檀香、河砂

　　扶鸞時鸞筆必須搭配的「鸞台」，在其上，常鋪上「檀香」、「河砂」。

　　大部分的鸞堂，會在神殿的內壇神桌前的供桌擺上鸞台，供正鸞手拿鸞筆在上面書寫，用此象徵神降臨的「神聖性」與「神秘

鸞台、鸞筆與河砂

鸞台、鸞筆與檀香

性」。大部分的鸞台是長方形的樣式。

在鸞台上面鋪上沒有燃燒過的「檀香」，或洗乾淨的「河砂」，便利唱生辨識書寫的文字。

像玄門真宗、埔里萬聖宮、統埔鎮安宮、新店太上混元道府等，都是在鸞台鋪上黃色的「檀香粉末」扶鸞。至於苗栗獅頭山勸化堂、竹東慈惠堂，則在鸞台上鋪上黑色的「河砂」扶鸞。

鸞堂扶鸞時採用鸞台上鋪上檀香或河砂，大部分都配置「撥砂生」。隨時將檀香或河砂掃平，便於鸞手書寫的文字，容易被唱生所辨認。

5.5 鸞桌與鸞墊

「鸞桌」與「鸞墊」也可見之於鸞堂。

有些鸞堂沒有準備「鸞台」，而用一張專門用來扶鸞的小長方型「鸞桌」取代。它擺在神殿內壇的的前方或右側，讓鸞手直接在上面扶鸞，書寫文字。像三芝錫板智誠堂、金門營源廟、九份聖明宮、宜蘭新民堂、霖鳳宮、丹天善堂等，鸞手直接在鸞桌上扶鸞。

也有少數的鸞堂準備「鸞墊」，它是由帆布或牛皮作表面，裡面填充海綿物的軟墊。而此鸞墊一樣放在內壇供桌的前緣，讓鸞手可以在此鸞墊上扶鸞。具代表性的鸞堂為新莊三聖宮及高雄文化院、高雄意誠堂，鸞手直接在鸞墊上扶鸞。

五甲協善心德堂在鸞墊上扶鸞

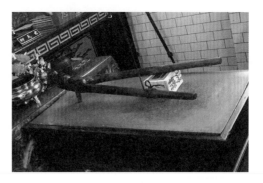

基隆代天宮鸞生在鸞桌上扶鸞

　　鸞手使用鸞桌或是鸞墊扶鸞，皆可以採用雙人或單人鸞筆的方式書寫。只是用鸞筆在鸞桌書寫，遠比寫在鸞墊上流暢且快速些。然而，這兩種方式，並無一致性的規矩；各依其堂內的傳統而定。

5.6 神椅

　　鸞堂為神準備神椅或未準備神椅，這兩種的類型，同時存在於台灣廟宇的扶鸞儀式中。

　　部分鸞堂扶鸞處，會準備一張或數張「神椅」。它是專門供諸天神佛降筆時的座椅。像苗栗獅頭山勸化堂扶鸞時，鸞手站立在鸞桌前神椅的兩側，神椅

獅頭山勸化堂在神椅鋪上黃墊，顯神聖性

霖鳳宮在神椅放上大壽金

鋪上黃色的薄墊,專門讓神降鸞時來坐。

霖鳳宮則特別為神降鸞時,準備一張神椅,放在神桌的另外一側,罩上紅布,在椅面上放置「壽金」。斗六玉玄宮則準備一張藤椅當作神椅,在其上披著帶有龍圖騰的紅布,象徵為神的座椅。

扶鸞時諸天神佛經常透過正鸞手寫出詩文,有時會連續出幾首詩文,就有必要讓神明坐在神椅上。這是人類的世俗心理,反應在神仙世界中的現象。象徵神明來到鸞堂,就必須給神明座,代表鸞生對神明「禮敬」。

另外,在執事者看來,神明降鸞附體於正鸞手身上,神明寫完詩詞後,就先行離席,換另外一尊神明降鸞。因此,這類想法的鸞堂,就不會為神明準備神椅。

5.7 文房四寶、硃砂與玉璽

部分鸞堂在鸞桌備有「文房四寶」、「硃砂」與「玉璽」,鸞手扶鸞時代表神明使用。

「文房四寶」的毛筆、墨、紙、硯搭配硃砂使用。鸞手將鸞筆套上毛筆,沾上墨汁或紅色的硃砂,分別在紅色或黃色的「小長條紙」上畫符,為其消災解厄。在苗栗獅頭山勸化堂與宜蘭新民堂扶鸞時,皆準備這些文具、法器。

信徒或鸞生扶鸞時問神明,經由正鸞手依神的旨意降筆畫符,敕賜靈符給他們。畫好的靈符也可以蓋上神的玉璽,象徵神明給信徒或鸞生較多的保證與安慰。

三芝智成堂玉璽

宜蘭新民堂文房四寶

5.8 道（法）衣

玄門真宗鸞生的法衣精緻，可以從衣袖條紋區分法師階級

鸞生穿著的衣服稱為「道衣」，又稱「法衣」。

一般鸞堂大部分所穿的道衣樣式，深受明代以前的儒生影響，以「連身長袍」、「左、右胸襟布扣」的「素樸」樣式呈現。其顏色以深藍色、淺青色及

高雄意誠堂鸞生著白色法衣

斗南天福宮鸞生著黃色法衣

埔里萬聖宮鸞手著藏青色法衣　　　　埔里萬聖宮宗師著紫色法衣　　　　獅頭山勸化

白色居多，偶爾可見到灰色與黃色的道衣。

　　其中，高雄意誠堂的鸞生穿白色法衣，竹東慈惠堂則著亮深藍色道衣，宜蘭新民堂鸞生穿上深藍色道衣，苗栗獅山勸化堂則著白色跟灰色，斗南天福宮穿黃色的道衣。另外，埔里萬聖宮宗師兼正鸞手的道衣，則以紫色和黃色混搭為主，也不同於傳統單一色系的道衣。

　　除了儒家「禮生長袍型」的道衣外，也有「改良型」的道衣。

　　其中，以玄門真宗的「黃色華麗型」道衣，最為醒目。在扶鸞時，其鸞生戴上頭冠，披上華麗的披肩，穿上繡上龍圖騰的法袍，再繫上腰巾。整體衣服的感覺，比較接近古代朝廷的「官袍」，和傳統鸞堂「素樸型」道衣大不相同。

　　法衣顏色與樣式的差異，與該鸞堂接納傳統或現代改良有關。而主導此變化的關鍵者為鸞堂的執事者、正鸞手或教尊，當他們認為鸞生應穿著的傳統樣式道衣，就可能穿上單一色系「素樸型」樣式。

　　相反地，當他宣稱扶鸞時降下的神諭，認為鸞生穿上高貴且「華麗型」的道衣時，就會改變傳統，要求整個教派的鸞手換裝；標示自己教門的「獨特性」，強化鸞生對自己教門的「認同感」！

5.9　木魚和罄、鐘和鼓

　　「木魚和罄」、「鐘和鼓」是扶鸞必備的兩類型法器。

　　在扶鸞開始前，鸞生使用木魚和罄誦經請神。也會用鐘（罄）與鼓（木魚）齊鳴，歡迎神明降臨鸞堂及送走神明。

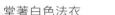
堂著白色法衣　　　　竹東慈惠堂鸞手著深藍色法衣　　　　宜蘭新民堂鸞手著藏青色法衣

　　三芝智成堂、淡水行忠宮等傳統鸞堂，鸞生在扶鸞開始前，用漢音清唱、課誦〈寶誥〉請神。他們唸誦的過程不斷敲木魚，到一個段落或唸到神尊的名諱時，則必須敲磬代表對神的禮敬。

　　而在扶鸞進行時，有的用「木魚和磬」、有的用「鐘和鼓」，以鳴三十六次鐘、擊七十二次鼓（部分鸞堂則鳴九次鐘、十八下鼓），迎接神駕的到臨，與歡送神駕的離去。

　　扶鸞開始前、中、結束等階段，使用「木魚和磬」、「鐘和鼓」齊鳴，隱含對神的高度尊敬。也告知信徒或鸞生，應該要起立、鞠躬迎送眾神；強化了整個儀式的莊嚴、神聖性。

基隆代天宮鸞生在扶鸞時請神、接送神時，敲打木魚和磬

5.10 供品

　　鸞堂在神明降鸞當天，為了對諸天神佛的禮敬，必須事先準備潔淨的鮮花、水果、糕餅、敬茶或敬酒等供品。

　　鮮花、水果、糕餅在扶鸞前，已經送上神桌。敬茶或敬酒則是在扶鸞，仙佛來到鸞堂降下神諭前，逐一送上。因此，鸞堂的「司茶生」會顯得相當忙碌，他必須經常更換新的「茶」、「酒」，表達對仙佛的禮敬。

　　在儀式結束後，把舊的敬茶、敬酒累積起來。敬茶供信徒飲用，具有奠祭孔子大典時的「飲福」之意。因此，信徒樂於飲用神明喝過的敬茶，認為這可以帶給自己身體健康。

　　整體來看，扶鸞儀式所使用的法器、供品、器物各有其功能、象徵。其中，鸞筆是整個扶鸞不可或缺的法器，因為，沒有正鸞手代表仙佛，透過鸞筆書寫神諭，藉此教化、濟世子民，就不叫扶鸞了。

苗栗獅山勸化堂祭拜的供品以鮮果及茶為主

扶鸞法器象徵及功能

象徵＆功能 法器	象徵	功能
鸞筆	桃木：陽 柳枝：陰	書寫仙佛旨意
鸞筆	鳥頭：神鳥原型 龍頭：至尊神聖	書寫仙佛旨意
撐轎	神明坐駕	書寫仙佛旨意
香爐	香煙裊繞通天	1. 淨化鸞手身體、2. 迎神
香	香煙裊繞通天	1. 人神溝通、2. 禮神
金紙	焚化去穢	潔淨空間
淨水	灑淨去穢	潔淨空間
鸞台	神聖性、神秘性	便利「書寫鸞文」
檀香、河砂	神明書寫於砂盤	辨識「書寫鸞文」
鸞桌	神聖性、神秘性	便利「書寫鸞文」
鸞墊	神聖性、神秘性	便利「書寫鸞文」
神椅	神明臨壇降筆休息	供神明乘坐
文房四寶	神明賜符之用	畫符
硃砂	神明賜符之用	畫符
玉璽	神明賜符之用	畫符
道衣	1. 修行鸞生、2. 階級	扶鸞穿著
木魚、磬、鐘、鼓	1. 恭敬禮神、2. 肅靜 3. 儀式開始、結束	1. 迎神、送神、2. 送寶誥請神
供品	1. 虔誠性、2. 飲福	禮神

Part 6

乘鸞而來：
起源與發展

6.1 鸞的起源：魏晉的《真誥》

鸞起源於何時？目前有幾個說法，一說是在魏晉南北朝，另一說是在宋朝，兩者相差 500 年之久。那一說比較合理，請看下列分析：

許地山、石泰安（Rolf A.Stein）等教授以為，華人的扶鸞與天界傳遞訊息到人間有關。

早在西元 4 世紀魏晉南北朝，道士楊羲 (330-385) 具有將識得真人傳遞的「真字」訊息，轉譯成世俗「隸字」的能力。而被修道的陶弘景 (456-536) 記錄成《真誥》一書。

因此，在《真誥》一書中，訴說天界的萼綠華、紫微夫人、南嶽夫人與清靈真人等神仙，下凡到人世間「口授」或展示「文書」給楊羲瀏覽。而陶弘景清楚解釋，只有楊羲識得天界文字，能將它譯成「漢隸」或「楷書」。

其中，萼綠華於 359 年降至羊家，自述是南山人，年 20，穿著青衣。尚賦詩一首：

萼綠華
餐霞飲露九轉山
忿降羊家贈玉環
何似仙居植柳簀
夜深駛鶴到人間
企周

歷史記錄上萼綠華降詩於羊家

紫微夫人降詩

張道陵通神寫出《五斗真經》

「餐霞飲露九疑山，忽降羊家贈玉環，
何似仙居猶抑鬱，夜深騎鶴到人間」。

其祂神仙於 365 年下凡降授經典，被楊羲識得轉譯成《上清真經》。內容分為「宇宙生成與天書出現」、「由最高階神仙傳授給諸神」及「傳授降於人世間」三階段；而楊羲就是這過程中的傳播者。他與陶弘景兩人，也因此成為道教茅山上清派的第二代宗師。

由此可知，六朝道教修道的真人，識得神明降筆寫成天界文字，再轉譯為世俗文字，而成為道教的經典。這種能力和道教張道陵通神於老子而寫出《五斗真經》，有異曲同工之妙。

然而，祂們只是通神界文字或通神，並未借用「鸞筆」等工具。要將之說成「扶鸞」之根源，有些勉強。這兩者之間，在「通神」、「識天界文字」兩個意涵上近似；但是，儀式表現方式，仍然有所差別，不能一概而論。

楊羲「傳譯」書寫神仙的旨意

根據陶弘景的《真誥》中的〈卷 19 翼真檢〉，記錄楊羲通神、接受神仙的旨意後，捨棄世間通用的隸書，使用行草撰寫神仙語彙。並未使用鸞筆（器具）來書寫，這樣的形式當然與扶鸞不同。

反而比較接近明朝陳良謨著的《見聞紀訓》，鬼降於凡間家庭，能占卜吉凶、書寫詩文，可講解經、史、子、《論語》、《孟子》等。也像清朝焦循《憶書》中所說：「鍊『筆錄術』者，須齋戒持符祝 49 天，鬼自附其腕下。」

到了當代台灣，把通神鬼之後直接書寫的筆錄術，換個好聽的名稱 -「金指妙法」。

桃園真佛心宗、太和金闕玄清宮及玄門真宗等鸞堂，均保留此項傳統。只不過，前兩個鸞堂是用金指妙法快速回應信徒的問題，比較接近「辦事」的扶鸞。

後者，則是運用金指妙法來培養鸞生成為正鸞手。按步就班要求鸞生先行「閉關」，打坐、課誦經典、讀書、靜思冥想、勤修道業。出關後，練習以手執筆書寫鸞文。告一段落，該教派讓此鸞生站上鸞台主持鸞務。

第七屆全國扶鸞展演－玄門真宗金指妙法

《周氏冥通記》的通神記錄

陶弘景撰《周氏冥通記》一卷，書中記述其弟子周子良通神感靈之事。全書內容文體，與《真誥》相似。

本書以日記形式，記述周子良在12歲拜陶弘景為師，19歲時忽然通真感靈，與諸仙真交往密談內容，達數十條之多。大致為神仙告誡子良修道要訣，仙界異聞，曉喻禍福分挺，並傳授經籙丹方。

這兩本作品，皆屬「人與神」相會的「超經驗」現象。雖然沒有採用扶鸞法器；卻被部分學者認定它們是扶鸞前期，「人神相通」、「神明降授秘法」的作品。

第七屆全國扶鸞展演—南天直轄鸞堂玉善堂、太和金闕玄清宮金指妙法（左起）

6.2 最早降鸞的神：紫姑神

元宵之夜讀鸞詩
俗信書詳賜安福佳辰
女兒同作意為婚姻慶
幸有如此依依情悰興裝待
（印章）

紫姑廁神能占卜

最早降鸞之神，即是廁神－紫姑神！？祂與扶鸞有關嗎？

這項迎、問紫姑神的說法，約在 1500 年前南北朝劉宋時期（420-479），劉敬叔書寫《異苑》志怪筆記即已出現。其書中記錄：

「世有紫姑神，……是人家妾，為大婦所嫉，每以穢事相次役正月十五日感激而死。故世人以其日作其形，夜于廁間或豬欄邊迎之。……能占眾事，卜未來蠶桑。又善射鉤，好則大舞，惡便仰眠。」

此時，未見扶鸞迎紫姑，只見「作其人形」占卜。

繼《異苑》之後，《齊諧記》、《荊楚歲時記》、《玉燭寶典》等，皆有關於紫姑的記述。《洞覽》、《雜五行書》則把紫姑與廁神兩者結合，這已是隋代的故事了。

紫姑神

唐李商隱為「紫姑神」寫詩

南北朝至隋唐期間，民間已有在農曆正月十五日，請廁神－「紫姑」占卜之俗！

一般人，在自宅中設壇焚香禱告，紮一個紫姑神像，延請祂的神靈到神像中。如祂降臨時，神像會慢慢的變重，當民眾向祂請問有關未來的問題時，祂會回答「是」或「不是」。

舊俗農曆正月十五拜紫姑神

當紫姑神回答「是」時，神像會舞蹈起來；回答「不是」時，神像就像睡著一般。早先問事的信徒，男女皆有，問題以農事、蠶桑、居家家運、田宅、修墳等居多。

唐代李商隱（813-858）曾寫《觀燈樂行》七絕一詩，記錄、遣懷長安城內上元節花燈滿城，及村民賽紫姑問卜的故事：

「月色燈山滿帝都，香車寶蓋隘通衢。
　身閒不睹中興盛，羞逐鄉人賽紫姑。」

詩意表達：正月 15 元宵暝，晚唐時期花燈佈滿了長安城內。與滿圓月色相映，華麗的香車充滿大街小巷。身在其中的我，感受到中興盛世。但我卻不願像一般民眾，競相問卜於紫姑神。

這首詩說明唐朝民眾，盛行於正月15上元節的「紫姑神」信仰，經常求助而問卜於祂。祂的本質屬於「器物神」之一，與周朝以來的門神、戶神、灶神、井神、霤神、行神等「五祀」連結。

只不過，其問卜的神格與儒教的五祀「崇本報始」不同。自古以來，上自王公貴族下至販夫走卒，皆頗樂於占卜預知未來。

因此，請「紫姑神」下凡來問事，成為唐朝百姓的宗教活動之一。只是，仍未見以「扶鸞」請祂臨壇。遲至宋朝，蘇軾的《東坡全集》才記錄用「箕」插「箸」，扶乩請紫姑神！

宋朝文人記錄「紫姑神」降箕

到了北宋，請紫姑占卜的時間，不一定選在農曆正月，而是隨時可以請祂臨宅；擴張「人神互動」的頻率。

根據科學家沈括（1031-1095）的《夢溪筆談》記錄，於仁宗景祐（1034-1038）年間，太常博士王綸家迎紫姑，神附其閨女身上。能文章，書〈藻牋篆〉、〈茁金篆〉等天界文字；善鼓箏，音調淒婉，頗感人。又說，當時一般人家盛行請紫姑，附體後，皆能文章、善歌詩、能醫卜、善棋藝。

李商癮　　　　　沈括　　　　　蘇東坡

此時，紫姑神降駕是以附體的方式來到凡間，其親民性格及能耐，足以化解百姓的各種困難及生活需求。但是，仍未見扶鸞請神的樣式。

然而，同一時期的蘇軾（1037-1101），在《東坡全集》中的〈子姑神記〉、〈天篆記〉、〈人物雜記〉、〈仙姑問答〉等篇章的記錄，卻詳載他親眼目睹「扶鸞」請下紫姑神，並與祂對話的情景。

〈子姑神記〉中記錄，元豐三年（1080），蘇軾離開京城到黃州。

以畚箕（乩）扶鸞

隔年，當地進士潘丙告知，神降於郭宅，預告蘇軾將來此。再隔年，神再次降於郭宅；蘇軾目睹兩小童「扶箸」書寫文字。或「以箸為口，筆置口中」，與人問答。

紫姑神降臨敘述祂的身世，當年祂為唐朝壽陽刺史的妾，姓何，名媚，字麗卿。自幼知書達禮，為伶人婦，嫁給壽陽刺史後，為其大老婆所殺害，殺死於廁所。老天爺見其可憐，要祂下凡於人間，成為廁神。說罷，且為詩數十篇，歌舞娛公。此刻，蘇東坡寫下〈道調〉、〈梁州〉等曲調，紫姑神起舞呼應。

〈天篆記〉中說：「江淮間俗尚鬼。歲正月，必衣服箕帚為子姑神，或能數數畫字，黃州郭氏神最異。…. 著篆字，筆勢奇妙，而字不可識。曰：此天篆也。與予篆三十字，去是天蓬咒。使以隸字釋之，不可」。

由蘇軾的記錄，我們理解了幾個重點：

1. 紫姑神詳述自己身世，是降箕的神仙。
2. 祂能寫詩賦，且與蘇東坡唱和，寫天蓬咒。
3. 祂知神仙之理，能回應時人問題。
4. 用箕箒代表紫姑神，用箸為口，筆置口中書寫。

　　這是首次歷史文獻記錄近似「扶鸞請神」之舉，有類似「鸞筆」的「箕筆」。只是此型式的「箕筆」，是將「箕箒」上面插「箸」，再置「筆」於箸中，就能降筆書寫天篆。與清朝至今鸞堂常見的「龍頭、鳥頭鸞筆」相較，大不相同。

　　從蘇氏與紫姑神的對話記錄下來，後世可以得知，在宋朝扶箕（鸞）請紫姑神，已是普遍的宗教活動。

　　在其後，南宋洪邁（1123-1202）《夷堅志》、張世南《游宦紀聞》，明末陶宗儀（1329-1410）《輟耕錄》等，皆有「以箕插筆」、「以筯插筲箕」、「懸箕扶鸞」召仙降筆的記錄。

降鸞的神仙

　　南北朝劉宋以來，紫姑是最早降鸞的神仙。然而，在宋朝之後，尚有諸多神明降筆。由於紫姑降筆，會自述生前事蹟故事及寫詩、占卜，此乃成為後來降鸞神仙降筆書寫的內容與特色。

　　在神仙部分：比較有名氣成神者，歷史人物以周朝老子、三國關聖帝君、唐呂祖、李太白，宋岳武穆王、陳摶，明史可法為代表。神仙則有潼文昌帝君、玉皇大帝、何仙姑、巫山神女等。

　　沒什麼名望，也會出現在乩壇者，如漢朝宰相陳平、南北朝張賓、南宋棋手劉仲甫、清程季玉、葉小鸞、陸峻之、女仙或女鬼、退思主人、靚雲仙子、王小筠等。

　　到了清朝，受洋教影響，部分乩壇請下來儒教孔子、佛教佛陀、耶教耶和華或耶穌、回教阿拉或穆罕默德、道教三清道祖或張天師等

一貫道接納五教教主

五教教主或神明。最具代表性的教派為「三教融合」、「五教同源」的一貫道。

傳至台灣，部分「仙堂」逐漸出現以關聖帝君、呂祖為首的恩主公信仰，成為鸞的主要神仙。再搭配灶王爺成為三恩主信仰，再加上豁落王天君、岳武穆王形成五恩主信仰。

仔細看清季、日據時代、國府時期的降筆書寫的善書或經典，包含儒釋道「三教神明」、民間信仰家鄉「守護神」、小說筆記「神話神」、歷史「功國偉人神」、教主口授「經典神」、自然崇拜的「天神地祇」等眾神。

綜觀鸞的宗教史演變，最早是魏晉南北朝《真誥》中的萼綠華、紫微夫人、南嶽夫人與清靈真人等仙真降文，到劉宋時期紫姑廁神自述占卜，再到宋元明清的諸多神仙、女鬼降乩。

由此可見，1500 年前，由道教仙真書寫「天界篆文」，並未採用「箕筆」。直到 1000 年前，民間信仰用「扶箕」請出「廁所」器物神 - 紫姑，扶鸞的前身 - 以箕及箸當乩筆，始告成型。

在宋之後，捨棄「箕筆」，轉成「鸞筆」，則是扶鸞史上的一大躍進！

宜蘭灶君堂以灶君為主神，供奉五恩主

6.3 鸞來到台灣

澎湖一新社扶鸞代天宣化

「鸞」傳入台灣

為何台灣出現鸞堂，是個大哉問？何時傳入台灣，也是個歷史上的問題？

它與本地各神譜廟宇一樣，不會憑空而降，而是來自大陸原鄉。明末以來，漢人大量進入台灣墾荒，可能就會把「鸞」帶進來這裡。然而，並沒有任何史料可資證明。

過去學界的論述，它傳播的路徑有二：一為大陸到澎湖、金門，再到台灣。另一為從大陸直接傳入台灣。在我看來，這兩種路徑，皆可能發生在不同的時間點，直接或間接的進入台灣。

一般言，根據時間順序，有下列幾個年代說明鸞務進入台灣。

第一個說法，根據日本台北辦務署士林支署長警部朝比奈金三郎的調查，約於康熙四十年（1701），即有大陸文人將鸞務傳入台灣，這是鸞務進入台灣最早的說法。

第二個說法，根據王志宇的研究指出，約在康熙五十八年（1719），陳文達修撰的《鳳山縣志》記載：「仙堂在長治里前阿社內，鄉人何侃鳩眾所建，祀五文昌，能降乩。」應該是台灣境內最早降鸞的記錄。

第三個說法：根據林文龍引用道光十二年（1832）編寫的《鳳山縣采訪冊》，

《鳳山縣志》

《鳳山縣採訪冊》

《台灣治績志》

《覺悟選新》

鳳山貢生黃文儀曾經以〈扶鸞〉為詩：「一幅鸞書鳥篆文，空中落筆捲風雲。每當燭跋香殘後，駕鶴飛來紫氣芬。」推斷道光年間，台灣南部鳳山已有鸞務。

第四個說法：根據宋光宇及王世慶的研究，扶鸞約於咸豐三年（1853）從福建泉州公善社傳入澎湖，建普勸社。到光緒十三年（1887），改名為一新社。

第五個說法：鄭志明以為，一新社是南台灣鸞堂之始。至於宜蘭頭城李望洋（1829-1901）在光緒十六年（1890）創立的新民堂，則為北台灣的鸞堂濫觴。

第六個說法：同治六 - 七年（1867-1868），澎湖許太老至廣東學扶鸞，返回澎湖後，為庄民治病。於光緒十三 - 十四年（1887-1888），再把它傳授給宜蘭頭城進士楊士芳，於喚醒堂扶鸞。後來，再由喚醒堂分香到淡水行忠堂，再從行忠堂分香到三芝智成堂。

第七個說法：根據井出季和太，於同治九年（1870）著作《台灣治績志》，提及廣東有扶鸞降

《總督 府公文類纂》　　《台灣的恩主公信仰》　　第七屆全國扶鸞大會玄門真宗出版《神來一筆》

神迷信之俗，傳入澎湖，用來戒煙。

第八個說法：光緒十九年（1893），宜蘭吳炳珠與莊國香前往廣東陸豐，學習扶鸞戒煙之法，傳回台灣。

第九個說法：光緒廿三年（1897）新竹竹北的彭樹滋，到廣東彭廷華家中，接受扶鸞戒煙治療。回台之後，告知彭殿華準備數百金，聘請廣東彭錦亮、彭蘊珍、彭錫慶及彭錫瓊等五名，來到新竹舉行扶鸞戒煙，成為後來相當流行的降筆會戒煙運動。

總結上述，從大陸將鸞傳入台灣的各項史料，可以看出下列幾點：

1. 約在清朝初年康熙年間，就已經傳到台灣或台灣鳳山。

2. 澎湖普勸社（一新社）及宜蘭新民堂可能是台灣南、北兩地部分鸞堂的起源；但並非唯二的原始傳播點。

澎湖一新社善書

金瓜石勸濟堂戶外關公像

　　3.澎湖鸞堂與宜蘭鸞堂並非沒有交集。相反的，澎湖許太老約於光緒年間，將扶鸞技法傳到宜蘭頭城。證實兩地鸞手，也有傳承關係。

　　4.至少有4則資料是台、澎地區人士到廣東學習扶鸞，1則資料是從福建泉州鸞堂傳入。這兩地應該是台灣鸞堂重要的根源地。

　　從此來看，台灣於康熙年間就出現鸞務。然而，到底是「一元傳播」、「二元傳播」或「多元傳播」，擴張成台灣的鸞堂系統，目前這三種論述，各有學者支持。

　　理論上，由大陸一處傳入台灣，由一間鸞堂的「一元傳播」方式，再擴展為全台各地鸞堂，可能性最低。或是由大陸傳入澎湖、宜蘭，再從這兩地的鸞堂，以「二元傳播」軌跡，發展出來南北兩個系統鸞堂；可能性也不高。

　　在既有的史料來看，比較合理的推論是：至少從大陸福建、廣東兩個地方，在不同的時間傳入台灣、澎湖；進入後，呈現「多元傳播」的方式，進而促成

台灣各地多元鸞堂系統的傳承與發展。

台灣鸞堂多元系統

以現在回過頭來看，鸞傳入台灣後，具代表性的次級系統，可以分為：

1. 澎湖一新社系統

澎湖鄉紳為禱天消災、匡正人心，派人到泉州公善社學鸞，於咸豐三年（1853）回澎湖設立普勸社。光緒十三年（1887）由鄉紳鳩資重建，並改名為一新社。著作鸞書《覺悟選新》八卷，到民國66年止（1977），澎湖前後約有五十間鸞堂出現。

2. 宜蘭新民堂、鑑民堂、喚醒堂系統

堅持這個說法的代表人物為宋光宇及楊明機。前者認為鑑民堂在光緒16年（1890）作的《化蘭全書》是宜蘭最早的鸞書。隔年，未信齋也扶鸞造出《喝醒文》。

後者以為北台灣的鸞堂來源是新民堂（1890）。它是由當時宜蘭進士李望洋傳入。他從甘肅到台灣宜蘭擔任知府，用扶鸞為其師爺柯錫疇母親治病，請求神明開處方籤。

柯母病癒後，地方不少名門如進士楊士芳、廩生呂桂芳、秀才張進光、參事莊贊勳等人，乃恭請李先生在宜蘭街市開設新民堂，再分建碧霞宮，後又到頭城建喚醒堂（1895）。

宜蘭新民堂

三芝智成堂

淡水行忠堂

宜蘭新民堂或喚醒堂（1895）系統持續發展，分香至淡水屯山行忠堂（1899），後者再分香到三芝智成堂（1899）。

日據、國府時期，從淡水屯山行忠堂分香頗多，陳兌到台北覺修宮（1918）、金瓜石勸濟堂（1900)及李兆仁在淡水街設行忠堂（1945）。後者的鸞手張其年在1960年代，到台北延平北路開設智仁堂，後又分香到民權東路設面天壇（1975），弟子葉雲清開丹天善堂（1990）。

三芝智成堂郭石定又分香錫板智成堂（1913），及張廼爵設三芝智成忠義宮（1926）。錫板智成堂鸞手楊明機又分香至台北贊修宮（1925）、斗六崇修堂（1937）、田中台北贊修宮（1941）、二水贊修宮（1947）。

喚醒堂的吳炳珠，到新竹開宣化堂（1900)，而宣化堂的鸞手許梓桑在到基隆設正心堂（1900）。呂瑞乾又從喚醒堂分香至雙溪顯恆堂（1905）。正心堂與顯恆堂合併，至大竿林臥虎山設代天宮（1933）。

而日據、國府時代，曾在屯山行忠堂捐印鸞書的黃欉 - 玄空師父，他在1956-1968年代，獨立招募開設台北行天宮（1968）、北投忠義宮（1965）、三峽白雞行脩宮（1965）等三間五恩主廟。

3. 彰化三星堂系統

三星堂有兩個來源，一為來自田尾廣善堂；在光緒八年（1882）福建漳州人士將關聖帝君移入白沙屯。光緒十七年（1891）石岡林家迎關聖帝君設講道堂。光緒二十七年（1901）永靖鄉紳李玉如、陳儀亭、魏惆、巫修齊等人，到

淡水行忠宮

台北行天宮

台北智仁宮

台中聖賢堂

石岡講道堂迎請三恩主香火，設立福海堂，再由陳儀亭、巫修齊於田尾設立廣善堂。

另外一個來源為永靖謦懿宮。根據謦懿宮《回心寶鑑》記錄，大正十四年（1925），黃目枝在永靖建立東興壇。昭和二年（1927）恩主賜號謦懿宮，黃目枝等人尚且創建了醒化堂、興善堂、三化堂、聖德堂、慎化堂及廣善堂等。

而三星堂又擴張其鸞務到中部、北部。其中，永靖的醒化宮源於三星堂，而又往外擴張成立眾多鸞堂，如興善、輔天、順天、善終、崇聖堂及闡楊宮。這些宮堂持續往外擴張四十餘間。

4. 台中聖賢堂系統

民國五十一年（1962）邱垂港創辦聖賢堂，民國五十七年（1968）認識王翼漢合辦鸞友雜誌社，刊行聖賢堂的扶鸞經典與詩文。

後來兩人意見不合，邱垂港另創聖賢雜誌社，王翼漢另設武廟明正堂。而聖賢堂正鸞手楊贊儒出走，另設聖德宮。之後，台中市出現的重生堂、聖天堂

及聖心堂，都是由聖賢堂分出。

5. 屏東鸞堂

南部除了高雄鳳山的仙堂外，在
《屏東縣志》也提到，清道光咸豐年
間，蕉嶺縣人士鍾子華來台遊歷，創
立三聖壇，祭拜關聖帝君、文昌帝君
及孚佑帝君，勸世人為善。

6. 南投埔里懷善堂系統

懷善堂於光緒二十六年（1901）
在埔里成立，恭請三恩主聖駕扶鸞，
而懷善堂又將三恩主的香火分靈於參
贊堂、醒靈寺、魚池文武廟、啟化堂
及代化堂等。

7. 南投埔里育化堂系統

埔里育化堂香火於民國前一年
（1911）由台中傳入，初名修化堂，
民國十四年改為育化堂（1925），民
國三十九年再改為昭平宮（1950）至
今。

其正鸞手來自苗栗大湖神龍廟。
而由育化堂分出的鸞堂包括草屯惠德
宮、國姓清德堂、埔里辜家私堂、埔
里衍化堂、南投藍天書院濟化堂、佳
里育善堂及南投永豐宮等。

8. 其他教派系統

除此之外，國民黨政府遷台前
後，大陸許多宗教人士在中共查禁宗
教的壓力下，跟著國民政府或自行來

天帝教苗栗天安道場

一貫道南投魚池鄉道場

淡水軒轅教皇帝神宮

| 中國儒教會 logo | 創會會長吳兆麟 | 玄門真宗教會 logo | 開山立教陳桂興教尊 |

台，如一貫道、天道、天帝教、天德教與軒轅教等，其教派人士也將鸞務帶進台灣。

在上述這些扶鸞系統中可以看出，台灣鸞堂的鸞務來源具多樣性。它可能是由讀書人、商人或農夫帶入，也有可能是台灣人士主動到大陸沿海省分學習扶鸞技法後傳回。

進入台灣後，可能由澎湖傳入本島，也有可能直接由大陸帶到鳳山或是帶到宜蘭。再由宜蘭新民堂系統，傳佈到北台灣淡水、三芝、台北與新竹，並且再由新竹傳入台中、埔里等地。

戒嚴時（1945-1978）「儒宗神教」的宿命

這種多元的鸞務現象，讓台灣各地都有不同的鸞堂，固然有分香子堂的現象，但是彼此沒有相互隸屬的階級組織，呈現出鸞堂「非制度性」宗教的現象。

儘管過去資深的鸞手楊明機、周妙化與楊福來等人，想要整合鸞堂成為「儒宗神教」。光復後，埔里地區的鸞堂人士如許清和、陳石鍊、江榮宗、陳南要等鸞生，也想成立「儒宗神教」。這兩次向國府申請，皆無法獲得同意。

台中聖賢堂系統的王翼漢、王更如、黃謙禧及蔡文等人，透過報紙宣傳鼓吹成立儒宗神教，在民國六十七年（1978）也被內政部否決。

解嚴後（1988-）「鸞門」打開

　　而國民黨解嚴後，不少宗教人士自立教派，他們也將鸞務變成該宗教凝聚信徒向心力，和對外宣教的重要法門，如中國儒教會、玄門真宗、真佛心宗等。

　　這些宗教領袖從傳統鸞務中改良，創新扶鸞活動，吸引眾多信徒跟隨。中國儒教會與玄門真宗兩個教派，分別於 2000 年及 2004 年，向內政部登記為中華民國合法宗教，創造出本地鸞堂系統申請成為兩個全國型宗教。

　　從清季、日據、國府威權到民主化，台灣鸞堂系統也出現其宗教分香能量的傳承，與政治體制改變帶來的變化。隨著政治、社會變遷，當代鸞堂也受到新的衝擊及挑戰。

　　鸞堂來自內、外部兩種問題的夾擊，前者如「鸞手斷層」、「鸞生老化」等困境；後者是「鸞堂與現代社會相適應」，如何「與時俱進」，創造新的動能及滿足社會的需求。

玄門真宗於 2004 年申請成為全國性宗教團體

Part 7

聖凡雙修：

鸞的內在基礎

到玄門山圓融法台打禪

7.1 鸞的宗教思想基礎

鸞門以關聖帝君為導師

「既存的宗教神祇、儀式、組織、經驗等活動，都有其內在宗教思想為根基」。華人宗教的鸞得以出現、存在，也是如此。它可能潛藏於華人的「信仰體系」中。

在我看來，鸞不會憑空存在，而是紮根於「神存在」、「神下凡於人間」、「神附體於人」、「人在世修行」、「累積功德」、「來世成神」及「儒家思想世俗化」等信仰。此信仰體系，為鸞建構存在的基石。

神存在

「有信仰神，才會有鸞」，「相信神下凡到人間，才會有扶鸞降筆」！

鸞門子弟相信，「鸞」雖然為法器，卻是「神」的化身。也深信神會透過鸞手之鸞筆降下「誥諭」，回應鸞生或信徒的懇求。這是在華人在「萬物有靈」及「器物有靈」的思想基礎，就對眾神祇仙真扶鸞時經由鸞筆降神，信以為真。

約 1000 年前的宋朝，當我們祖先就有此信仰習俗：懇求紫姑神下凡占卜，當時的鸞手就運「箕」，並在「箕」上插上「箸」，請紫姑神於鸞台寫詩文回應信徒的疑問，此時鸞就已經出現。

人會對「神聖物」膜拜其來已久；因此，當華人以「鸞筆」為神聖物，進而膜拜降筆的神，自也不例外。在其之前，遠在 1500 年前魏晉南北朝，陶弘

景記錄楊羲接受神明指示，書寫的《真誥》。

當時，我們祖先已經相信神仙透過通神者書寫「天界文體」，並轉它轉化為「人界文字」。對神降文、降經、說行述的現象，深信不疑。而這應該是鸞文出現的前身。

簡單說，「不相信神的存在，不可能有求神活動，就不會有神明降鸞」。在台灣的鸞門信徒、鸞生皆屬「有神論者」，才會群聚參與扶鸞、祈求神用鸞筆降鸞。他（她）們信神也信鸞，樂於問鸞、參與鸞務。

目前，台灣社會相信神存在的信徒約有百分之八十，這種宗教信仰人口，提供參與鸞務的豐沛內在基礎。而且，這百分之八十信仰人口中，以民間宗教、道教與佛教的信仰人口又占約百分之七十，理應不排斥融合儒、釋、道三教的鸞門多神佛信仰。

石龜溪贊天宮感化堂鸞手請神降筆

只要他們相信神存在，且會來到人間，當然就有可能參與鸞務，成為沐恩鸞下。

第七屆全國扶鸞大會請神臨壇

神下凡於人間且神附體於人

扶鸞必須有一組鸞生搭配，關鍵者為正鸞手。它能夠存在，是信徒相信「神下凡於人間」！

參與扶鸞信徒，他（她）們不但信神，而且也相信神會「顯靈」。只要求神問卜，神就下凡人間來到鸞堂，並且附體於正鸞手身上，再經由正鸞手透過鸞筆書寫鸞文，回應信徒之問題。

信徒對神降筆鸞文信以為真。他們認為除了神之外，沒有人可以寫出這些「天界」才可能有的詩詞。在鸞文中，神用優美華麗的辭藻，表現對人的道德告誡，或是對未來預言，甚至可以傳世的經典。對信者而言，這是「不可思議」的神仙話語。

另外，信徒相信「神附體於鸞手」！他們對神明附體於正鸞手身上，霎時進入類似「巫」的薩滿境界，深以為然。

當他們參與扶鸞且親眼目睹：鸞手變成「與神溝通的媒介」，源源不絕的接受神的旨意，快速揮動鸞筆於鸞台上，不間斷寫出神的話語。內心感動、震撼之餘，往往也嘖嘖稱奇。

玄門真宗教尊陳桂興正在通神

玉闕明性堂鸞手等待神明附體

竹山克明宮神已附體鸞手扶鸞

對信者而言，他們深信鸞是神明「真實」（reality）下凡於人間，神早已經活在他們心中。而且，相信神真的來到鸞堂，確實附體於正鸞手身上。對於這種認同「巫」的心理，應該是鸞生或信徒再次投入鸞務的內在動力之一。

在現代科學昌明的台灣社會，依舊存在各類的巫者，信徒相信巫可以傳達神的旨意。

主持鸞務的正鸞手，即是屬於巫的一類。當百姓「信巫」，也容易接受「鸞」。何況，扶鸞的鸞手俗稱「文鸞」，其書寫神諭詩詞的能力，常常超越「口語化、動作化」的「武乩」。對信徒而言，他們「信文鸞為真」的情感，油然而生。

人在世修行與累積功德

「在世修行」與「累積功德」是漢人從周朝以來的宗教思想及情感，支撐漢文化的重要核心價值。

對鸞生或信徒而言，「在世修行」就是力行鸞文中儒、釋、道三教的教義。其中，最重要的是實踐儒教的入世道德律。從自己做起，修行個人私德，逐漸擴張到家庭道德，再由家庭道德轉化到社會道德。

當有機會為官從政時，不能忘掉身在公門好修行的政治道德。此外，也應

司命及陰騭之神：北斗星君、司命灶君（左起）

該與自然界和平相處，實踐生態道德，甚至人在宇宙間應該謙卑自處，奉行宗教道德。

這幾類的道德隨時出現在鸞文、經典中，也變成是鸞門子弟，進入「脩門」的修行基本法則。

其次，人在世修行、修好德，另外一個面向就是「累積功德」。

華人相信神明會陰騭人之「善行惡為」。當鸞生或信徒實踐各種層次的道德時，依「頭上三尺有神明」的信仰，神明都會記錄在每一個人的生死簿上。當我們行善積功時，就記錄到「青簿」上；當我們為惡損功時，就記錄到「黑簿」上。

這兩本生死簿是我們往生後，到地底閻羅王報到時，其座前判官會和我們算總帳。

根據《太上感應篇》的說法，當我們行善累積的功德超過三百件，就可以成為「地仙」，此時閻羅王就不會把我們打入地獄，反而會讓我們成神。超過一千三百件時，就可以成為「天仙」，我們就與天上的眾神並列，成為仙班的一員。

極樂世界之神：佛教西天阿彌陀佛、道教東方太乙救苦天尊（左起）

　　相反地，當我們為惡過多，將禍及自己，被陰鷺的神明奪我們的「紀算」。小過，奪我們的壽命一算－即一百天；大過，則奪我們的壽命一紀－即十二歲。為惡過多，不但無法長壽，也有可能禍及子孫，使我們家族惡事不斷，諸事困頓，甚至橫死，而且可能自己被打入十八層地獄。

　　「眾善奉行，諸惡莫作」是《感應篇》中，存在於我們腦海的普遍信仰。在此信仰基礎上，強化了參與鸞務、實踐鸞文道德觀的「神聖性」與「動力」。當我們深信「在世修行」道德，及「累積功德」的想法時，更能鞭策我們投入鸞務；鸞也就更可能存在於台灣社會。

來世成神

　　有來生嗎？來世可以成神嗎？

　　儒者認為人只有一輩子，但是，可以成為「典範」，永享後世子孫尊敬、香火。佛、道修行者則認為，各有西方阿彌陀佛、東方太乙救苦天尊接引，到西天淨土、東方圓融國度。

　　至於參與鸞務的信徒或鸞生，他們來自社會各階層，也有「來生」或「來

世成神」思想。他們把今生參與扶鸞,是踐履人生終極價值,作為「來世成神」
的準備。

這種「來世成神」思想,與道教修行法則提「人人經由修行可以成仙」,
佛教修佛則宣稱「人人皆有佛性,人人得以成佛」相吻合。鸞門子弟深信,參
與鸞務即是修行,未來即可成神。

此種神學信仰體系,也受到鸞文中的神諭,不斷強化、鼓舞。

祖先成神

以台北智仁堂為例,每年農曆正月 15 的扶鸞,參與鸞務的鸞生祖先往生
後成神,常會返回人間,回到智仁堂降筆,賜詩給其子孫。然而,這並非智仁
堂的特殊個案,也可見之於其他鸞堂。

在《鸞噦精華》的詩文中,該堂鸞生王錦秀其父親降詩:

「錦秀山河不久期,吾兒敏道未離時。經宣教子延年客,弄劣妻奴寸寸
知。」

鸞生成神:宜蘭喚醒堂、九份聖明宮(左起)

　　此文鼓勵了當事人在世勤於修道、誦經、教子及投入鸞務，自然會添福壽。當這種鸞文的信仰進入鸞生心理，也會鼓舞其他鸞生持續投入鸞務。自然而然強化了鸞堂信徒的凝聚力。

　　在鸞堂上除了鸞生的祖先會回來降鸞，也出現過許多歷史上的「小人物」成神的故事。

　　他們在世時努力修德行善，往生後到地獄報到，卻被閻羅王拒絕，而把他們送回天庭。玉皇大帝憐憫他們的功德，乃派他們到人間廟宇擔任城隍爺、媽祖或土地神。以新竹育化堂的鸞文《一聲雷》為例，大北埔莊土地神降文：

　　「不談經史不論文，隴上耕耘自苦勤。

　　善事傳家為至寶，一門老少重天倫。」

　　「一門老少重天倫，繞膝兒孫命懍遵。

　　九十天天天寵眷，至今奕世共稱尊。」

　　根據詩後面土地神的「行述」說明，祂是清朝雍正年間，台灣台中的盧廷春。他從小為孤兒，知禮識義，為人耕種，盡忠職守，被其主人疼愛，而幫其娶妻，組成家庭。

　　其主人猶如再造之父母，乃為其主人設長生祿位牌，表達感恩之義。主人得知其義行，給予數十畝山田。他以此為基礎，努力耕作，擴張田畝，而在主人往生後，回贈主人之子孫，田畝數千，回報主人翁。

　　在他往生以後，到冥王府報到。冥王認為他一生忠厚，知恩報本，行善不倦，乃派他成為福德正神。上面

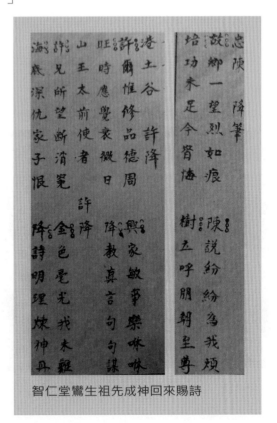

智仁堂鸞生祖先成神回來賜詩

引述的這個故事，只不過是浩瀚如海的鸞文中，眾多故事的一個例證。

當鸞文不斷的以小人物行善成神的故事告訴鸞生，給他們諸多鼓舞。鸞生長期的在鸞堂服務，耳濡目染的結果，將強化他們在世行善，為來世成神做準備。

當然，這有一項前提：就是進入鸞門堂的門生，他們內心深信不疑，人人修行即可成神的信仰觀。

成神後接任各廟神祇

比較特別的是，在鸞堂的信仰中，鸞生相信大陸、台灣兩地的廟宇主神，是由有德的往生者擔任。此信仰異於「功國偉人」才能成神的價值觀。

在《禮記‧祭法》中所提及的成神觀：「聖王之制祭祀，法施於民則祀之；以死勤事則祀之；以勞定國則祀之；能禦大菑則祀之；能捍大患則祀之。」全部都是對社稷、江山、民族有功者。

鸞生成神後分任各地的駐堂神明：觀音、媽祖、

　　然而，在鸞堂往往只是「小人物」積善、行善就可以成為各地廟宇的「主神」。降鸞的鸞文說明了祂是某某地方的城隍神、福德正神、媽祖、觀音、文昌帝君、九天靈官馬天君或秦廣明王等。

　　這些神明降詩後，會告訴鸞生、信徒，他的前生為人行事。只不過在世時篤行忠義、善盡孝道、濟弱扶貧或知本報恩等，最後終被拔擢為神明；而被上天派赴各地方廟宇擔任神的分身。

　　人成神後，成為人世間各地方廟宇主神的分身，是鸞堂頗為特殊的宗教思想。它隱含了廟宇的眾神，只是天上眾神的分身，而此分身可以由得道的凡人修成正果後接任。天上眾神派這些得道的凡人，接掌各廟宇擔任主神。

　　此論述讓參與鸞務的鸞生，強烈感受到現世的修行，是他們未來得以成神的準備。而未來的出路，就是被上蒼派駐到各地廟宇擔任神明的分身。

　　此「行善」成神觀，完全異於傳統儒教「功國偉人」成神觀。是鸞生、信徒在世修福、行善的內在動力，也是他們參與鸞務的內在信仰之一。

城隍、土地公、文昌帝君、秦廣明王（左起）

儒家思想「簡單化」

　　鸞生的宗教思想相當複雜，除了有神論、行善觀、成神論之外，尚有濃厚的儒家思想，他們經常將這些思想連結在一起。

　　其中，儒家思想並非經典中艱澀的文字，反而是淺顯的鸞文。此為鸞堂儒家思想「簡單化」的具體表現。

　　儒家思想其來已久，在孔子、孟子創造儒家主要人倫大道之後，儒學在春秋戰國、秦漢皆有儒生代代相傳。在君主政治的統治王朝，幾乎把儒學當作安定社會的主要工具。因此，儒學不但流行於上層統治階級，也潛藏於下層庶民階級。

　　庶民階級認識儒學，經常從宋朝的《太上感應篇》，明清兩代的文昌帝君《陰騭文》、《關聖帝君覺世真經》、《桃園明聖經》等善書而來。鸞門子弟將這些最古老的善書，變成生活準則。

　　而且，將這些簡單的經文廣泛發行成為普羅大眾，家家戶戶教導子弟的「聖經」。或再透過扶鸞降筆，再次用鸞文、詩歌，詮釋行善積德、孝順父母、兄友弟恭、造橋鋪路、愛惜字紙、斗秤公平、童叟無欺、勿宰耕牛、矜孤恤寡、敬老懷幼、遏惡揚善、受辱不怨、受寵若驚、不彰人短、不耀己長、施恩不求報、與人不後悔等儒教的基本道德信念。

二十四孝故事 - 湧泉躍鯉

習字亭

因此，當扶鸞的鸞文出現了上述神諭，形同再次強化儒教的入世價值觀。這也是鸞門被視為「民間儒教」的原因之一。只是，儒教是聖賢教化子民；而鸞門是神諭教化子民。這也是兩教的重要差別！

以儒為宗釋、道為輔的融合思想

鸞是以儒為宗的儒、釋、道三教融合思想，這些思想豐富了鸞的活動，它是鸞的內在基礎。

台灣地區的鸞門子弟，基本上都逃不出這些宗教思想。沒有信仰三教的神明不會有鸞，三教的神明透過鸞降筆，傳播儒教的入世道德律，佛教的出世觀、成佛法門，與道教的丹道、成仙觀。

以「神道設教」的方式，透過扶鸞的鸞文，教化子民。鸞門的「巫」色彩甚濃，以「扶鸞」方式表現「儒、釋、道」三教的思想，是它得以滋生、發展的主要原因。

以儒教孔子為宗

以佛教佛陀為輔

以道教老子為輔

7.2 鸞的社會基礎

　　只有「人類才有宗教」，在宇宙間，至今尚未發現有一物種，像人類一樣仰望蒼穹，進而產生宗教信仰。

　　宗教離開了人，它就不復見。因此，宗教是植基於人群、社會而存在的「神聖」活動。鸞既是宗教類型之一，它同樣紮根於華人社會而存在。社會提供鸞養分，也讓鸞與社會產生緊密的連動關係。

「集體膜拜情感」

　　唯有「人類集體對神膜拜的宗教儀式，會產生集體情感」。

　　這是宗教社會學家涂爾幹的論述，在他看來，人群在集體膜拜後，容易出現幾項功能：

集體膜拜情感：玄門真宗鸞生擁有師兄姐的情感

1. 形成了個人對「我群」的團體認同；

2. 參與儀式的群體會有「共同的連帶情感」；

3. 參與儀式者易有相似的「道德感」或「禁忌」。

這些「社會情感」與「社會關係」的建構，也會出現於扶鸞組織。在鸞生參與扶鸞後，他們用此標誌與其他教派的差異。他們沐恩於恩主公座下，以信仰、服膺儒家道德律為榮。

鸞生參與扶鸞，大多數會接受鸞門共同的禁忌。例如：禁止背對恩主公；噤聲聆聽恩主公降筆；共同起身迎、送神駕；穿上道衣才能進入鸞堂內殿；身體不潔、家中犯喪，暫時不參與扶鸞。

這種扶鸞宗教儀式帶來的社會集體情感，會回過頭來支持鸞。以沐恩鸞下的恩主公信徒為榮，進而對鸞門作出奉獻！

「神回應人的困境」

扶鸞是華人祖先集體對神的膜拜活動，也是一種特殊的「人神互動」宗教儀式。

一般宗教儀式，人向神祈求，神不會立即應許信徒。而參與扶鸞的信徒或鸞生，鸞筆顯現的鸞文，形同神對信徒回應。 這種「有求必應」的互動，是鸞

扶鸞濟世：仙佛降詩、賜符撫慰信眾

令人著迷之處。

　　尤其當信徒於世間面臨諸多的困境，而人力、科學無法化解時，就易轉向求助神明。鸞的特殊性格就易顯現，正鸞手通靈降筆，代表神明回應信徒問題，化解各種困境。

　　而當人對神的懇求應驗成真時，加深信徒對鸞儀式的認同，及它在鸞門子弟內心存在的價值。鸞的靈驗事蹟不斷，信徒、鸞生會奔相走告，拉攏親朋好友參與鸞務，興盛鸞門。

　　與其他宗教諸多神明相比，扶鸞的神諭顯得凸出。綜觀宋朝以來至今，鸞始終在回應不同朝代、不同社會的困境。無論是凡夫俗子的婚喪嫁娶、升遷問題，或是讀書人應考科舉的考前猜題，或是抽鴉片者的醫治，經常都求助於鸞，都會被記錄在鸞的歷史中。

　　只要人面臨困境而求助鸞，而鸞能夠回應這些社會困境；我估計，鸞依舊可以生存、發展。

鸞可「靈療」信徒病痛

　　日據時代之前，鸞具醫（靈）療信徒病痛之功能；國府以後，醫療政策、法規限制了鸞的醫（靈）療能力，也框住鸞的發展。

鸞可靈療：賜詩文、爐丹撫慰信徒

在台灣鸞務發展快速的年代，與扶鸞降文道德勸禁鴉片及開方靈療鴉片有關。我們的祖先在清朝、日據時代大量吸食鴉片，當年的知識份子有鑑於此，懇求扶鸞降鸞的神諭，給吸食鴉片者戒煙的辦法。

在澎湖、新竹、三芝的鸞堂，扶鸞出來的詩文，即是針對當時的鴉片流行的困境。主持鸞務者開堂請神，透過鸞手出詩告誡吸食鴉片者，在詩文之後，也開了處方箋。吸食鴉片者依神諭進行治療，產生顯著的療效後，鸞務從此逐漸開展。

鸞處理、治療吸食鴉片者的困境，就像鸞在八股取試，回應求功名者問神猜考題的需求一樣。只不過，求助神解決問題，隨著時代而有所轉化；但是，問題的本質、求神問卜的道理，卻完全相同。

沒有〈醫師法〉、〈藥師法〉的年代，鸞的揮灑空間寬闊。它降筆、開方之法，療癒鴉片吸食者；同理，它也可以診治信徒的病痛。尤當群醫束手無策，就是鸞發揮功能之時。

從歷史的資料可以看到，宜蘭喚醒堂、宜蘭新民堂、淡水行忠堂、彰化醒化堂、彰化順天宮慎化堂、雲林斗南感化堂、西螺懿德堂、台中聖壽宮等鸞堂，都與鸞開方診療有關。

信仰者本人或家屬患了不治的重症，求助於鸞，被神明降諭、開方所救，

化解迷津（左起）

善書 -《治病延壽》、《健康長壽十秘訣》

療癒後，為了答謝神恩而開堂立廟。這種「醫療靈驗」事蹟，早已記錄在諸多鸞堂的歷史沿革中。

宜蘭鑑民堂鸞手以恩主公道德律教誨信徒

至今為止，台灣現有的鸞堂，仍然保留部分使用鸞對信徒做宗教靈療的傳統。只能以鸞筆畫符、煉丹等靈療，再也不能為信徒開處方箋。不過，少數鸞堂仍然將神諭的處方箋，綜整成「醫療善書」，且廣泛發行。

發行量比較多者：

台中武廟明正堂的《壽世救急妙方》，台中重生堂的《神農治病漢藥祕方》，台中聖天堂的《你想健康長壽嗎》、《健康長壽十秘訣》、《長生不老靜坐法》、《救世百病秘方續集》、《救世百病秘方》。

另外，如台中聖德寶宮的《聖德治病秘方》、《聖德治病秘方第三輯》，台東長濱仙洞海雷洞的《華陀仙方》，屏東東港朱家清壇的《原始神農藥經》，高雄聖光堂的《救世神方》，高雄誠心社明善堂的《宏濟寶鑑》，高雄隱靈慈善堂《隱靈週年贈妙方》、《陽間治病發願咒》，彰化二林至靈聖堂《醫療春光》與鳳邑啟展社樂善堂的《普濟醫宗》等。

這些現象說明了當代台灣庶民大眾的生理病痛，仍會求助於鸞堂。只是，受限於國家法律、政策，鸞堂無法用降筆、神諭、醫療信徒的病痛。

知識菁英用鸞教化子民

鸞與社會的關係除了信徒對鸞的需求外，尚有社會中知識菁英階層也運用鸞教化子民。

宜蘭碧霞宮鸞手以恩主公道德律教誨信徒

過去，清朝主持鸞務者幾乎都為社會菁英階級。像宜蘭新民堂、喚醒堂的鸞手，李望洋、楊世芳皆為進士。淡水行忠堂的李宗範家族就出現兩個舉人，新竹復善堂的鸞生林學源、邱潤河、彭阿健都是當時的讀書人，新竹育化堂張阿麟為資本家，新竹燥坑庄鸞堂的鸞生楊福來、溫德貴也是老師，新竹大肚庄鸞堂的鸞手劉家冀為學者、彭阿石為醫生。

在澎湖方面，不少地方鄉紳投入鸞務。像許棻、黃濟時、林介仁、鄭祖年、郭丕謨、高攀等為清朝的生員。在宜蘭地區，像蕭贊廷也擁有功名。中部地區以竹山克明宮魏林科、林月汀、陳上達、黃錫三等鸞生，他們都是讀書人或武秀才。而彰化的黃拱振、高光智也是清朝的秀才。

這些讀書人投入了鸞務，以「神道設教」運用鸞教化子民。運用神意，帶來警世的效果，遠比朝廷宣講儒家道理更容易打動人心。

另外，清朝及日據時代的鸞堂，鸞堂經常和書院結合，像行忠堂最早設立於李宗範的書齋中，集集崇德堂設立於明新書院中，宜蘭鸞堂也有與書院結合的現象。可以見到當年讀書人，用神道宣揚儒家思想的企圖。

因此，我們來到古老鸞堂或書院，尚可見到儒家敬奉恩主公的神主牌位，與三聖（五聖）恩主公神像一前一後並列。

經由訪察，我們才知開堂之初往往是由儒者主持鸞務；乃依儒教之傳統只設「牌位」。後來，為了便利百姓膜拜，才立神像。這也間接說明了儒者在鸞堂的影響力，及知識菁英用鸞教化子民的苦心。

Part 8

三教融合：
鸞的規範與
修行

8.1　鸞門的堂規

以孔子為師

《儒門科範》

鸞生進入鸞堂應該嚴守儒家的道德律，過去三芝錫板智成堂正鸞手楊明機，為鸞生撰寫《儒門科範》，即想制度化「鸞門」。

其中就要求鸞生進入鸞堂，應嚴守做到下列 12 項堂規：

1. 三綱五常，以重聖門。2. 克敦孝悌，以肅人倫。

3. 謹守國法，以戒爭訟。4. 篤愛宗族，以昭雍睦。

5. 崇重法門，以堅信賴。6. 黜革異端，以崇正道。

7. 明修禮讓，以厚風俗。8. 尚持節儉，以惜財用。

9. 解釋讎忿，以重生命。10. 內外兼修，齋戒慎凜。

11. 體天行化，課己渡眾。12. 勤求精進，日就成功。

從這 12 項堂規來看，以「四句聯」的方式，表現儒家道德律。無論是個人在家、出外在社會、身處國家情境，或是個人與大自然環境關係，還是個人內外修行，亦或是幫信徒「度化」，無不以儒為宗。

信徒常態性的在鸞堂修行，實踐上述道德時，恩主公就可能經由扶鸞儀式賜予法號，成為正式鸞生。鸞堂的堂規，即是要求鸞生以儒家的道德律，當作修行法門。

這是把儒家深奧的思想，變成個人日常生活簡單的實踐法則。我們可以說鸞堂的堂規，是把儒家哲學「世俗化」、「普及化」，讓鸞生以儒學為簡易的生活法則。

鸞門學習並實踐「節廉」與「忠孝」

儒教最高境界：大同世界

彰化永靖覺化堂堂規

台灣地區鸞堂雖有分香，卻無隸屬關係；雖有交流，卻各自鼎立。鸞堂沒有制度性的統一組織，彼此沒有階級層屬，各自發展自己的信徒。各地鸞堂只是對鸞生或信徒的要求，訂定自己的堂規。

以彰化永靖覺化堂為例：

1. 入堂之人，須要孝順雙親，手足和氣，夫妻好合，和睦親鄰，勿逞惡氣，方是入堂之徑也。

2. 凡來堂各事其職，入則鞠躬，退則頓首，若來堂須要潔淨身體衣冠，焚香跪叩敬禮，舉步不可愴惶。

3. 凡有誦經需要字句明亮，不可口誦心違。

4. 凡有請誥之時，不可喧嘩，亦不可交頭接耳。

5. 凡有人間事，須當以禮接待，不可傲慢，以傷和氣。

6. 凡要問事，須要跪叩，問答不可高聲。

7. 同鸞之人，猶如手足，凡有喜慶喪葬等事，必要向前，不可假為不知。

8. 同鸞之人，若有臨難，須要匡扶援助，不可視為局外。

9. 邪淫切戒，賭博宜忌，唱淫詞，乃是傷風敗俗之事。

10.所有聖訓良言，對家庭上輩下人，須要宣傳，不可隱于胸中，以上規條，各宜稟遵，若有犯者，各要重罰，切當謹記。

從這些堂規來看，與楊明機的《儒門科範》要求大同小異，只是用淺顯易懂的「白話文」表現。它除了儒家的做人處事道理外，特別強調誦經、敬神、辦事等科儀舉行時，對神的基本禮節。

此外，它要求鸞生間彼此關懷、互助，臨同門師兄弟的紅白喜喪，以兄弟之情誼「相挺」。藉此，使鸞堂的人際網絡更為緊密，強化鸞生的連帶情感，形成凝聚力強的組織。

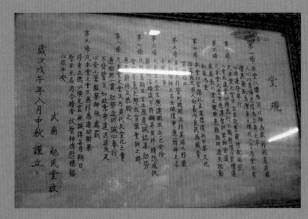

宜蘭勉民堂 9 則堂規

儒宗神教法規十二則

一、三綱五常。以重聖門。二、克敦孝悌。以肅人倫。
三、謹守國法。以戒爭訟。四、篤愛宗族。以昭雍睦。
五、崇重法門。以堅信賴。六、黜革異端。以崇正道。
七、明修禮讓。以厚風俗。八、尚持節儉。以惜財用。
九、觧釋讐忿。以重生命。十、內外兼修。齋戒愼懷。
十一、体天行化。克己度眾。十二、勤求精進。日就成功。

儒宗神教 12 則法規

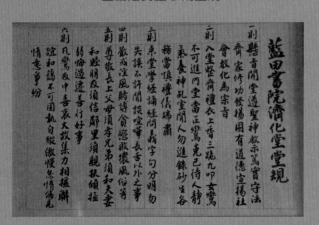

藍田書院濟化堂堂規

一則懸音開堂遵聖神教示篤實守法
會教化爲宗旨
二則入堂整齊禮長上香三跪九叩女鸞
不可進門堂當正鸞克己待人靜
氣養神乩堂開人勿進錄砂生各
務當愼禮俱端肅
三則來堂學經誦經須字分明勿
失誤不許閒談堂神貪懲敗壞風俗等
四則歡飛淫風時博貪懲敗壞風俗
弱悔過遂善行好事
立則尊敬長上父母須孝兄弟須和夫妻
和睦朋友須信鄰里須觀狀傾挺
六則凡鸞友中善豪大救集力相挺辦
誼和鍇不可固執自縱懷怨情緒
情愫爭紛

藍田書院 6 則堂規

玄門真宗奉玄靈高上帝為宗旨

玄門真宗宗旨

　　玄門真宗是個新興教派，在教
尊陳桂興帶領下，為其宗派弟子，
訂定自己宗門的規矩。

　　依其教尊及恩主公降筆理念，
分為「告知」、「訓練與考驗」、「會
契」、「使命」等規範，作為進入
鸞門之弟子，平時、節日及終身的
修行「原則」、「範圍」、「功課」。

　　1、告知

　　玄化道真普眾生

進入聖地「滌淨亭」

門跡常流儒學風

真命世恩修性靈

宗皈大道同功造

2、訓練與考驗

身體的健康問題

心性的恩怨情仇問題

事業上的功名利祿問題

對有情萬物的同體慈悲心行

3、會契

事業的經營

生活的歷練

家庭的成長

宗教神明事務的學習認知

4、使命

鸞生以關帝為師

玄門真宗鸞生修圓融境界

（1）選賢

此為「精進功課」，俱足於成就「超生了死」的殊勝，更是「返本皈元」的無上法證。分內外修行兩類：

外者：

a. 廣開法門，教化渡眾修持。

b. 褒揚肯定鼓勵賢能之才，咸令更加奉獻服務社會。

c. 因應社會需求廣為參與社區服務工作。

內者：

a. 引渡有緣修子，入門依規修持，生涯規劃聖凡並重。

b. 設階引教，廣開課程法門，咸令門生依法虔敬修行而獲成就。

c. 聖凡雙修追求生命的真圓融，達超生了死斷輪迴境地。

（2）拔聖

是為「了業功課」，具足「復命歸原」的法證。不但能使原有天命職司，與今生的職司相契合成就今生，更能化解累世的業障。同樣分為內外兩類：

玄門真宗同門師兄姊跟隨著教尊開山修行（左起）

外者：

a. 教以虔敬修行之法心，明心見自性會得元根靈元。

b. 依因緣廣開課程，使累世因緣職責能相契合成就今生。

c. 依因緣廣設司，聖凡雙兼使能承續完成累世職責使命。

內者：

a. 依法沿廣開科儀法事，為所有累世業力化解，消災解厄。

b. 依法沿開啟保調法事科儀，聖凡陰陽同修超昇登蓮台。

（3）渡九玄

是人本的「報恩功課」，更是固有倫理文化「飲水思源」、「慎終追遠」的精神內涵。又分為內外兩類殊勝的使命與傳承：

外者：

a. 廣開法沿依春秋兩季舉行祭祖超拔法會，教孝於眾生知報父母恩。

b. 辦理家庭祈安日，將關懷祈安的慈悲精神，引導進入家庭，促進家庭和諧。

　　c. 辦理家庭諮商，提振家族理想使命及傳承精神，促進家道宏興。

　　a. 辦理家族祖源世系的追尋，從世系的建立到族譜的完整建立，使慎終追遠的根源精神更加落實。

　　內者：

　　a. 廣開各項報父母恩的法事科儀，從宗教儀節中教導知道報恩及飲水思源的孝道倫理。

　　b. 辦理各項報父母恩的修行課程，由內而外的要求入修門生，知道行孝報恩的功課。

　　由此看來，玄門真宗的「教規」，具有「原則性」。

　　「全面性」及「層次性」三項特質。

　　「原則性」是指門生的終身修行志業。「全面性」是指門生的「聖凡雙修」、「生活、家庭、事業、宗教」皆修。「層次性」是指按部就班的修「選賢」、「拔聖」、「渡九賢」功課。

　　這些「教規」的落實，促進玄門真宗教門的開展。由此看來，誰說「鸞門」無法制度化？

設立結義亭 會契恩師

8.2 扶鸞的規範

部分鸞堂對鸞生、信徒參與於扶鸞，設立禁忌、訂定基本要求，增強鸞的神聖性。基本規範如下：

1. 鸞生必需安靜心靈，莊嚴肅穆參與鸞務。

2. 鸞生必需著道衣（法衣），才能進入鸞堂。未穿道衣的信徒，只能在外殿聆聽神諭。

3. 鸞生必需各盡其職，服務（效勞）神明。

4. 鸞生在鸞堂內，聆聽神諭，不可言笑。

5. 鸞生禮敬神明，只能正向面對神明，離開殿堂也只能正向倒退離開，不可轉身背向神明。

6. 神明座椅，不得跨越。

7. 神明臨堂或離堂時，必需鐘鼓齊鳴，所有鸞生兩手合抱、身體鞠恭迎接或歡送。

8. 宣講神諭時，必需安靜聽講。

也有少數的鸞堂要求，女性月事來時，不得投入鸞務。但是這項禁忌，已經逐漸被新興鸞堂打破。認為女性月事來時，是自然界的常態現象，而非齷齪污穢之身，沒有觸犯神明的情事。

上述為扶鸞原則性的規範，僅供參考。但也有部分鸞堂有它們特別的要求。違反扶鸞規範者，就必需由監壇的資深鸞手出來制止，使扶鸞活動得以順利進行。

獅頭山勸化堂維持男性為鸞生之傳統

獅頭山勸化堂女性信徒在外殿聆聽

8.3　鸞生的職責

　　鸞堂中的鸞生，除了平時居家、工作實踐基本做人處事道理外，也要求參與鸞務時，各司其職。根據自己的職守，敬神或服務神明。以彰化埔心鄉興善堂為例，說明如下：

　　1. 堂主經理：在於集合同志，移風化俗，以善為寶，利己利人，請旨造書，頒行勸世，主持堂務。

　　2. 正鸞生：則心需養靜，口要慎行，心神融合，感動神仙。

　　3. 副鸞生：得協助正鸞生，不苟言笑，連日飛鸞。兩者努力造書，莫辭辛勞。

　　4. 筆抄生：耳要聰明，心要明通，手要敏捷。不論詩詞歌賦，引證案例，都要記錄清楚。

　　5. 看字生（唱生）：認清飛鸞撰寫的文字，不可亂口，胡亂唱唸。

　　6. 接送生：仙佛送往迎來，都要至誠至敬接迎，不可胡亂走動，直到鸞務停止。

　　7. 司香、司茶、獻果、獻花生：至誠至敬，禮敬神明，謹慎獻香、茶、果及鮮花給神明。

　　8. 敬壇、敬案生：黎明即起，將鸞堂打掃潔淨，打掃時應小心神案上的神明、香爐，避免損害仙佛。

新民堂鸞生擔任誦經生

鸞生擔任護駕生

9. 請誥誦經生：心口清淨，道衣潔淨，才能誦經，誦經請誥時，字句清楚，高聲朗誦來感應神。

10. 抄寫謄正生：用心抄寫謄正，字畫端正清楚。

11. 宣講生：將鸞文的道理說給鸞生、信徒聽，正心誠意宣講，非禮勿言，非禮勿視，來代天宣化。

12. 迎賓接客生：接待善男信女，心要慈和，言要圓通，對人有禮。

13. 外職事生：聽從堂主、經理指揮，上街認真採買，不可尋花問柳，協助堂內公務，宜謹慎小心，從事飲食，宜注意清潔衛生。

上述鸞生的職責與規範，基本上已經把鸞堂中的各項職務分配清楚。大體而言，台灣地區的各鸞堂的扶鸞，依其組織規模大小，而設置不同的鸞生職務。大者，如上有數十名；小者也有數名鸞生；不能一概而論。

鸞生抄寫謄正生

鸞生參與鸞務

鸞生擔任接駕生

鸞生擔任鸞手

宜蘭碧霞宮過去又稱「勸善局」

8.4 鸞生的修行

在堂修行

初入在鸞堂服務的鸞生，已經脫離「善男信女」的信徒，他是「皈依」在恩主公座下的學生角色，形同是一位自我實踐、修行的「修道者」。

正鸞手或資深的鸞生，則和其他宗教的佛教法師，耶教牧師、神父，道教道士，伊斯蘭教阿訇等神職人員雷同。他除了熟悉典籍教義、認同自己宗教的道德、且身體力行外；尚是一位優質的弘揚恩主公入世道德之「弘法者」。

而鸞生修行的道德，大都是以儒家思想為主軸，像台中聖賢堂《修道指南》就提出了鸞生平時修行法則：

1.必需奉行戒律，實踐三綱五常，四維八德。

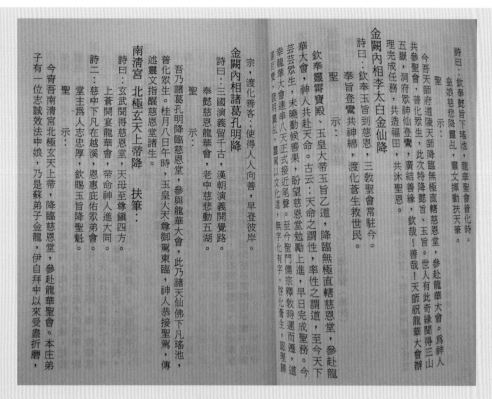

神明降鸞要求鸞生修行三教道德

2. 經由每天唸誦經典，安靜心寧，讓自己的心智開展。

3. 力行齋戒，體認上天有好生之德，不輕易殺生，在平時環境下，儘可能食齋。

4. 經常自己獨處靜修，隨時打坐，進入禪定，安靜自己的心寧。

5. 開啟及運用自己智慧，對人世間做各項判斷，而非以訛傳訛，才能修得正道。

從上面的鸞生修道基本法則可以看出，台中聖賢堂對鸞生修行的要求，是以儒為宗，將儒家道德律隨時實踐於生活細節上。不僅如此，也接納了佛家的齋戒、禪定的工夫；及佛學中的智慧開展論述也被接受。

　　簡單的說，用儒家道德律在「日常生活」中修行，再用佛家的「定、靜、慧」三個修行法門，當作「宗教生活」準則。

生活修行

　　鸞堂對鸞生的要求，隨時出現新的戒條，這些戒條幾乎都與儒、釋、道三教的思想有關連，像台中聖賢堂的另外一本著作《聖賢真理》，也提出鸞生的日常生活修行法則：

　　1. 不口出惡言，讓身、口、意三業清淨。

　　2. 禁食牛肉、狗肉。

　　3. 努力實踐善行善舉，稱讚其他宗教人事的善行義舉。

　　4. 盡忠國家，嚴守法律。

　　5. 不隨意批評其他宗教。

　　6. 讓座老弱婦孺。

　　7. 不入風月場所。

　　8. 慎終追遠祖先及先賢，孝順父母。

鸞生以淫為戒

　　9. 見苦必需伸出援手拯救。

　　10. 謙卑自處、敬神。

　　這是非常簡單的待人處事接物的基本道理，也是你我耳熟能詳的儒家生活戒條。可以看出，鸞堂對鸞生的修行著重於日常生活的道理實踐，這也是儒家哲學被稱為實踐哲學的主因。

　　而鸞生以儒為宗，奉孔夫子為其最高神祇之一，也努力實踐孔子傳承下來的教條。當然嚴守佛家的身、口、意三業為簡單的生活要求，並且將實踐教條者給予鼓勵，認為將來可以成神成仙。

功德修行

類似於《聖賢真理》的修行法則，在其它的鸞書當中隨時可見。

像《老母懿訓》、《瑤池聖誌》、《釋疑闡道錄》、《道心祕藏》、《三曹成捷徑史傳》、《濟佛點化金》等鸞書，莫不提出鸞生修道的基本法則，可以將之化約如下：

1. 修道乃修身、修德、修功果。

2. 修道乃必需受戒、皈依、清修，道在於心，心就是佛，佛就是聖。

3. 修道必需具同情心，就是儒家的仁義精神，佛家的慈悲旨意。

4. 修道者必需節約金錢，努力實行社會慈善，儘管有錢，也不可享受虛華。

5. 修道者必需減少聲色五音進入身體。

6. 修道者必需清清白白做人。

7. 修道者不可貪圖功名利益。

8. 修道者不可急功好利。

9. 修道者必需助印經書、造橋舖路，實貧濟困，戒殺放生。

10. 修道者必需恪遵三綱五常，修身養性，持之以恆。

11. 修道者必需對外行善，對內自省。

12. 修道者必需修身、齊家、治國、平天下。

13. 修道者必需禪定，禪定才能明。修道者必需實踐道德，才可以內聖外王。

從這些修道法門來源，部分是透過扶鸞神明的指示，部分是資深鸞手、教尊的認知。就其內容來看，似乎要求鸞生以儒為宗，兼修佛、道之理。鸞生來到鸞堂，就得接受三教宗教思想及神祇的教誨。

少數鸞堂將這些修行法門變成善書或掛在官網，希望廣為發行、流傳，期能發揮鸞的影響力，讓社會人士接受鸞文中的道德律，吸引他們進入鸞門；甚至成為信徒、鸞生，為仙佛效勞。

鸞生效法岳恩主的忠義

Part 9

超凡入聖：

鸞生「宗教經驗」

　　鸞生的「宗教經驗」是指其參與
鸞務後，親眼目睹、親身體驗、親耳
聽到的各種宗教現象，深入其身、
心、靈的各種感受。此感受可能異於
常人，處於「先驗的」或「超經驗的」
狀態。

　　在此，我將之化約成「理性經
驗」、「玄學經驗」、「成神經驗」、
「神秘經驗」、「奧秘經驗」及「融
合經驗」，分別說明如下：

鸞生修行儒教內聖外王的聖賢道德律

9.1 「理性經驗」：聖賢典範

　　對鸞生而言，他們來到鸞堂，參與各項鸞務就是一種修行。而扶鸞時神的旨意，在日常生活努力實踐奉行，也是一種修行。

　　神諭中說最多的是人處於社會中的立身處世道理，它是儒家的入世道德。鸞生必須在今生積極入世實踐道德，未來才可能「超凡入聖」，來世成為仙、佛的座前使者。

　　就儒學來看，它是漢民族傳統讀書人奉為圭臬的實踐哲學。從個人的誠意、正心，才可能修身、齊家，而後治國、平天下。

　　它是按部就班，先自己的「安身立命修行」，建構家庭後的「居家修行」，慢慢擴張到與人互動的「待人接物修行」，進入社會各行各業的「盡忠職守修行」，參與公眾活動身在「公門修行」，讓天下百姓皆可安居樂業「內聖外王

修行」。

這種由內到外，逐漸擴張自己的修行範圍，使儒家思想具備有相當濃厚的入世性格。而此入世性格又擁有成聖、成賢的高度「理性」。理性的個體，將促使人際間互動的成熟與圓融，當人人實踐儒教道德律，就可能國泰民安，天下太平，進入理想的世界大同。

從鸞生對儒家道德律接納來看，他們把儒的道德和成神觀結合，只有實踐儒家道德，才可能成為聖賢典範。鸞堂要求鸞生在短短在世數十年間，將儒思想實踐，成就自己人生的終極價值。

儘管鸞生無法立下偉大的功業，或留下偉大的言論，但是鸞生在立德、立功、立業這三教條中，他至少實踐了小人物最可能達成儒家「立德」的典範。象徵人在有限生命中，留下永遠讓人追思與感動的「道德理性」。

鸞堂使華人社會中的小人物，每一個人都有「不朽」的可能。即是「人人得以成佛」、「人人得以為堯舜」或「人人可以道成肉身」。即鸞生皆可以「超凡入聖」，進入仙佛行列，永遠為後世鸞生的修行典範。

9.2 「玄學經驗」：因果輪迴

鸞生以儒為宗，但是也接納了「因果輪迴」的佛學思想。

宋朝出現的鸞書《太上感應篇》，說了「禍福無門，惟人自召」這個道理。鸞書中的因果論，影響鸞生甚鉅，鸞生幾乎相信「善有善報，惡有惡報，不是不報，時候未到」。今世行善，將可以成為神仙；今世為惡，將來會墮入地獄。此想法，超越了儒者成為聖賢典範的「理性經驗」。

鸞生相信因果輪迴

鸞生堅信地獄十殿閻羅審判及輪迴觀（攝自加拿大多倫多博物館）

在善書中討論到因果輪迴的善惡觀，經常用說故事的方式來警告世人。日據時代出版《清心寶鏡》這本善書，就表現出這個價值體系。在書中討論：1. 行述 2. 案證 3. 講述等因果輪迴的三種類型。

在簡明扼要的「案證」故事中，不斷強化「因果輪迴」的宗教經驗，直接告訴世人「善有善報，惡有惡報」。對信徒而言，這是「真實」的神諭，這些故事是「真實」存在的例證，用之來警告世人，讓世人在世時心生畏懼而引以為戒。反之，今生努力行善，來生才可能成神。

也有鸞書專門說明，為惡以後入地獄接受懲罰的故事，最具代表的善書是《地府治罪條例》。

在此書中，以十殿閻羅地獄為架構，詳細說明各殿的位置、治罪條例、各殿懲處的罪行、懲罰方式等因果輪迴故事，形成鸞門特有的地獄觀念。不少鸞生對此深信不疑。

9.3 「成神經驗」：修行層次

楊贊儒為台中聖賢堂正鸞手，就曾經通神扶出了《天堂遊記》及《地獄遊記》等兩本鸞書。

對鸞生或信徒而言，《天堂遊記》使他們開始認知進入天堂的修行法門；《地獄遊記》則使他們理解為惡下地獄的恐怖情節。在前書中提到，修儒、釋、

道三教，必須各分為四個層次依序修行。

以儒家修行來看：最先從「凡人」層次開始修行；功成後，修第二個層次「賢人」；再修行到第三個層次「聖人」；最後修行到最高層次-「真聖」境界。

再以佛家修行來看：從「凡人」進入「菩薩」，再進入「佛」，最後進入「真佛」。最後以道家修行來看：從「凡人」進入「真人」，再到「仙」，最後進入「真仙」。

這些修行，都是想從「有」修行到「無」。即「欲界」修行到「色界」，再到「無色界」，最後進入空無一物的「無無色界」。

以太極圖的概念來看，第一層次為「皇極」，再進入第二層次的「太極」，接著為「無極」，最後為「無無極」。

當修行到空無一物的境界時，心靈層次就進入清靜，在此時身體充滿靈氣，回到自己的原本面目，而且可以將自己想像為無形無像。這種修行的最高層次是「人修行成神、成仙」的基本境界；然而，並非每個人都可以達到這些層次，只有少數人進入「真仙」的情境。

為何許多鸞生著迷於「人成神」的

鸞生相信扶鸞可以成神

181

宗教經驗？

　　主要是它植基於台灣百姓深厚的「宗教信仰觀」。據中央研究院的調查，台灣地區的民眾相信「因果輪迴」的宗教觀約佔七成。我們相信「人死後有天堂或地獄」的比例高達五成六。相信為「善為惡，會影響下一輩子的命運」，也會「影響後代子孫的幸福」者，高達七～八成。

　　既然有因果輪迴、為善為惡就有可能影響自己或下一代、天堂地獄等宗教仰觀為根基。那麼鸞生、信徒擁有神遊天堂或下地獄受苦的宗教情感。他們寧可相信，只要現世努力修行、行善，來生就可成神的宗教顯望。

9.4 「神秘經驗」：看神感動

　　在鸞堂各種宗教儀式中，鸞生最常參與的活動為扶鸞、拜斗及神明聖誕儀式，這些都是屬於年度常態型的宗教活動。除此外，鸞生平時在鸞堂則以誦經來表達對神的禮敬，及自我修行。

茅山三兄弟成為真人

鸞生修行成菩薩

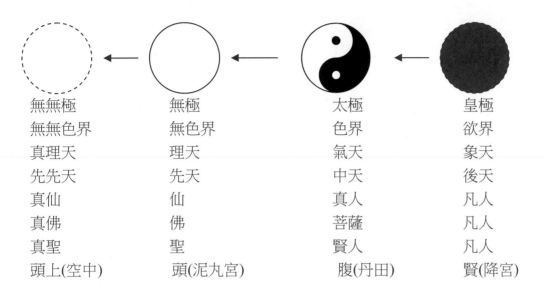

無無極	無極	太極	皇極
無無色界	無色界	色界	欲界
真理天	理天	氣天	象天
先先天	先天	中天	後天
真仙	仙	真人	凡人
真佛	佛	菩薩	凡人
真聖	聖	賢人	凡人
頭上(空中)	頭(泥丸宮)	腹(丹田)	賢(降宮)

修行層次圖

當鸞生從事這些活動時，經常產生一般人無法理解，也少碰到的「神秘經驗」（mysticism）。

這是指人、神互動過程中的宗教心理現象，當鸞生從事宗教科儀時，他看到了神的影像，或聽到了神的指示；在他的心靈產生重大的衝擊、感動，而對神發生了無法形容的快樂、景仰、震撼的悸動；這種心靈現象就可以稱之為神秘主義。

在過去的研究，都可證實不少鸞生擁有看到神或聽到神聲音的神秘經驗。少數正鸞手表示，他們在參與宗教儀式時，眼睜睜看到神明降臨到鸞堂，都可以感受到神明穿著衣服的顏色與面部表情。

也有鸞生指出，神明出現在他的耳朵身邊，要求他大聲朗誦神諭給其他鸞生或信徒聆聽。這種神靈顯現於現場而讓鸞生親眼目睹或親耳聆聽的現象，是少數宗教信仰者的特殊經驗。

當鸞生擁有與神碰觸後不可言喻的快樂感覺，卻是一般信徒或民眾無法理解，和從未有的宗教經驗。他的身心靈起了莫大的變化，他對神的宗教情感與認同，因為擁有這些經驗而深化，進而願意終身成為神的僕人。

鸞生執行鸞務：灑淨、焚香請神、獻果、獻茶（左起）

鸞生執行鸞務：誦經、扶鸞、誦經、通疏、鳴鐘迎神（左起）

9.5 「奧秘經驗」：被神附體

當扶鸞前或扶鸞時與神明的交會，正鸞手的心理相當安寧，甚至處於清靈的空虛境界。

根據鸞手的陳述，鸞筆快速的搖動，是神明的力量，而非鸞生自己意志的支配。他們只不過是神明傳達訊息的接受器、轉接站。他們「不由自主」書寫文字，因為這是神的旨意。

因此，在扶鸞時，是正鸞手與神明交會的「人神合一」心靈狀態，也是屬於一種「被神感動」，「神在支配人」，「人被神附體」的「奧秘經驗」（occultism）。

在扶鸞時，隨鸞起乩的護駕生，他們翩翩起舞，為神護駕，也是在與神接

觸之後，將自己放空，讓自己的身軀接納了神。當神進入他們身軀後，不是他們意志在舞動，而是神明驅使他們的身體在靈動。對護駕生而言，這種人神交會的感覺也異於常人。它是被神附體後，「忘掉自己」、「盡情靈動」的經驗。

　　根據獅頭山勸化堂正鸞手的陳述：在扶鸞前，他必須靜坐，便利扶鸞時讓神明附體。

　　而靜坐時，他靈魂經常出竅離身，有時候神遊天堂，有時候深入地府。而只有在自己身體、心靈放空的狀態下，神明才易附體。而此時扶鸞寫出的鸞文才是「神諭」，而非「人意」。

　　部分鸞手進一步指出，扶鸞過程借身體給神明附體，再由神降筆書寫。在扶鸞結束後，鸞手根本不清楚之前神明講了哪些話。這種陳述，象徵了該鸞手是神明附體下的代言人；而非自己的意志寫出神諭。

　　鸞手和跳乩者的神明附體現象，本質相似；但是，表現方式不同。

鸞手是透過鸞筆讓神明說話，表現出神「確實」在鸞手身上。而跳乩者是透過各種法器鞭打自己身體，無畏於疼痛、身體流血，用此證明是神附體，神帶來「神蹟」，使他的身體沒有疼痛感覺。前者的「恍惚」、「亢奮」狀態，未若後者強烈。

鸞手或其他鸞生讓神明附體的肢體語言，大部分有其共同象徵。

很多鸞手或鸞生在感應神之前，不斷的打嗝，或搖晃著身體、頭，或霎那間以手指天，擺動自己的手腕，亦或推開自己的座椅，使自己的身體進入了禪定。這些姿勢在一般人看來，就是指神明已經附體在他們身上。

對正鸞手或舞動的鸞生而言，只有讓自身進入「放空」境界，才容易讓神明已經進入他們的軀殼。依神靈旨意扶鸞，卻是不可言說的「奧秘經驗」。

9.6 「融合經驗」：兼修三教與通神

鸞生相信香爐帶領神明附體

神明附體於鸞生靈動

神明附體於正鸞與副鸞後扶鸞

神明附體於鸞生書寫鸞文

　　鸞是以儒為主，兼修釋、道兩教及通神的「宗教融合經驗」。

　　鸞手以儒家思想當作主要的神學論述，並加以普遍奉行且實踐。除了將儒家入世的道德律，當作自己修行的法則外；還會兼修佛、道兩教的玄學思想。既有儒教的「理性經驗」，又有佛、道兩教「玄學經驗」。

　　這種將儒與佛、道兩教的連結，再修扶鸞通神之術，讓鸞手或鸞生擁有特殊的「內聖外王」、「修行成佛、成仙」、「奧秘主義」、「神秘主義」的綜合性情感及經驗。

　　他（她）們深信，只要身入鸞門，就可以相互融合、兼容並蓄修行這些宗教經驗。他們不似傳統孔門之儒者，只願「理性」修行君子之德。更也不像孔子，反對「怪力亂神」之巫經驗。

　　他（她）們欣然接納、兼修三教宗教思想與通神經驗；藉此達到「弘揚聖教」的效果。

神明藉由鸞手降文

扶鸞結束後，神明退駕

Part 10

浴火鳳凰：

鸞堂困境

與發展

10.1 鸞堂困境

鸞堂面臨鸞生老化困境

困境之因

由於「國家」、「教育」、「科學」、「福利」等面向對傳統宗教的衝擊，造成了全球各古老宗教，出現一致性的「宗教世俗化」(religious secularization)困境。

古老的鸞堂也處在現代台灣社會環境的「結構」中，同樣有難以適應及發

展的問題。

在「國家威權體制」下，只承認傳統佛教、道教、基督教、天主教、伊斯蘭教；及給予天帝教、紅卍字會、天德教、理教、藏傳佛教等少數宗教合法空間。此時，鸞堂只能依附在道教，以扶鸞濟世、教化信徒，出版善書，教授修行之法。

加上二次戰後，1960 年代，國家推動「9 年國民義務教育」，普遍推升人民的知識水準。國中、國小老師說教的能耐，優過鸞手對儒教道德的宣講。此國民教育，取代鸞堂在農業社會的教化功能。

在「科學」部分，現代的「科學醫療」取代鸞堂扶鸞的「宗教醫療」。根據國家醫藥法規，禁止鸞堂「扶鸞醫療」，大大壓縮鸞堂的生存空間。過去，信徒病痛求助扶鸞開方；現在，轉向求助醫療院所的醫生。

在「福利」部分，國家在 1990 年代推動的「福利國家」（welfare state）政策，也逐漸取代鸞堂的「宗教福利」。以國家之力，保障人民的生、老、病、死的教育、養育及醫療基本需求。

尤其是，全民健保保險政策「制度化」後，台灣地區百姓得到大、中、小型醫療院所建構的醫藥網路保障，鸞堂對信徒的「扶鸞醫療」功能，幾乎完全潰敗。

在此結構下，帶來「宗教世俗化」。無論是「信徒年齡層老化」、「信徒

年齡偏長的鸞生

流失」、「宗教捐獻減少」、「宗教教誨影響力降低」，或是「神職人員講道無人聆聽的窘境」等問題，快速的衝擊、滲入到鸞堂中。

　　清朝與日據時代的鸞堂，曾降筆戒鴉片煙具成效、濟世撫民有功、宣揚維繫漢文化道德有方，而蓬勃發展。國民黨政府來台時，鸞堂依然以扶鸞濟世、慈善修行而持續成長。直到 1970 年代左右，鸞堂開始出現發展的瓶頸。

　　儘管解嚴後，全台各地部分鸞堂曾經結盟，於 2000 年成立台灣地區第一個以儒為宗的「中國儒教會」。2004 年成立第二個團體「玄門真宗」。但是，我們的調查發現，現在鸞堂已經面臨前所未有的困境。

鸞生老化

　　鸞堂最大的困境之一，在於「鸞生老化」。

　　我們在全國扶鸞展演大會，針對參與的鸞生調查發現：鸞生 60 歲以上，占 15%；50 到 59 歲，占 24%；40 到 49 歲，占 24%；30 到 39 歲，占 10%；20 到 29 歲，占 15%。

　　從此數據可以看出，40 歲以上占 63%；39 歲以下的青年，只占 25%；鸞生

雲林廣興宮興德堂仙逝的鸞手翁惠豐（左一）

三芝智成堂資深鸞手孫金順

鳳邑仁美社合善堂的資深鸞手與鸞生

皆屬中、老年齡層居絕對多數。信仰人口已有老化之現象。

甚至，有些鸞堂，其鸞生平均年齡層高達 65 歲以上。放眼望去，服務於鸞堂的鸞生年齡層皆偏高。年輕人投入鸞務的現象，只見之於極少數的新興教派、鸞堂。

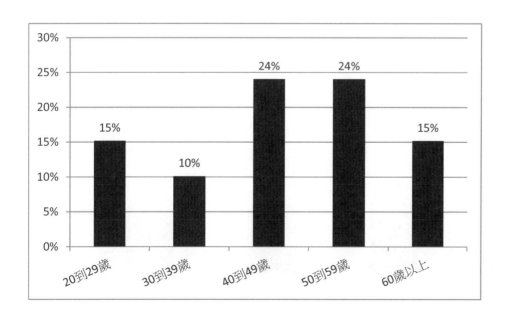

鸞生年齡偏高 (左起)

　　這種鸞生老化的現象，鸞生也「憂心忡忡」瞭然於胸，在滿分為 5 分的量表中，只得 2.54 分，呈現負面的看法。將使得未來鸞堂的扶鸞參與，出現人才斷層，導致整體台灣鸞門信仰傾向萎縮。

　　此問題出現，與大小結構有關。大的結構在於台灣大環境，人口年齡層結構步入「老年社會」。小的結構在於鸞堂本身，鸞堂未具吸引年輕人前來的各種誘因。

信徒、鸞生越來越少

　　鸞堂第二個的困境是，「信徒、鸞生越來越少」。

　　在鸞堂參與扶鸞，依涉入的程度、頻率，依序可以分為：一般求神問卜的「信徒」，稍微深入者為到此服務的「志工」，最高者為沐恩鸞下的「鸞生」。

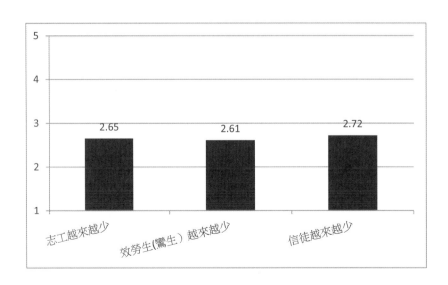

根據調查，顯現鸞生對到鸞堂服務，「志工越來越少」，只得分 2.65 分；「效勞生 (鸞生) 越來越少」，只得分 2.61 分；「信徒越來越少」，只得分 2.72 分，有強烈的負面的感受。

受訪者都認為，當代鸞堂和過去鸞堂相比，成員有流失的現象。與中央研究院在二次戰後台灣地區的信仰人口調查，佛教人口增長，民間信仰、道教減少，不謀而合。

為何如此？應該與鸞堂未出現優質的講經弘法人才有關。佛教慈濟山、佛光山、法鼓山、靈鳩山、中台山等五大山頭，師父弘法具「口語魅力」，吸引大量的民間宗教信徒。在有限的「宗教競爭市場」，佛教競爭力，明顯優於其他宗教。

正鸞手青黃不接

鸞堂第三個問題在於，「正鸞手青黃不接」。

不少鸞堂如台北指南宮、覺修宮、智仁堂、行天宮，淡水行忠堂，金瓜石勸濟堂，九份聖明堂，宜蘭新民堂等，主要原因在於正鸞手年紀過高或往生後，沒有新鸞手接棒，而停止鸞務。

目前部分鸞堂的正鸞手，年齡出現老化。像高雄意誠堂、基隆代天宮、竹東慈惠堂的正鸞手，也都在 60-70 歲間。西螺廣興宮興德堂，老鸞手已達 70 餘歲。三芝錫板智成堂的老鸞手高達 90 餘歲，最近好不容易才找到年輕的鸞手

接棒，但是也有 70 餘歲了。

　　從過去的歷史資料來看，正鸞手為鸞務與鸞堂的核心；如果沒有鸞手，鸞務勢必停擺。

　　在 1970 年以前，台灣地區的正鸞手，人才濟濟。主要的原因在於，日據時代最後一代接受漢學教育的鸞手，尚處於巔峰狀態。而當這批擁有深厚漢學根基的人才，在 1990 年代之後，逐漸老化，再也很難尋得年輕人接棒。

　　再加上現代學校教育並非以「儒學」為中心，也非全面的教導漢學中的「文學、史學與哲學」。現代的大學教育，以養成「自然科學」、「社會科學」與「人文學」為主軸。

　　現代的知識體系，遠比傳統的漢學、人文學的範圍大了許多。從知識傳承的角度來看，人才流入各領域，自然而然，以漢學為主軸的人才養成少了許多，知識份子擔任正鸞手的機會也就窄小了！

宗教捐獻減少

　　鸞堂的第四個困境，是信徒宗教捐獻的減少。

台北行天宮現在沒有鸞務，以收驚吸引信徒

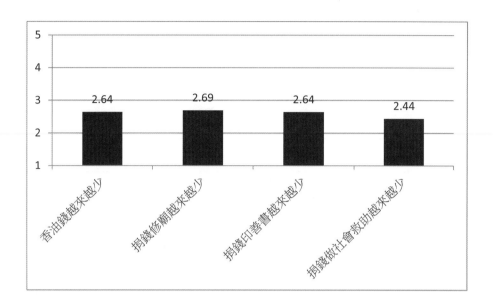

根據我的調查，現在大部分鸞堂面臨「捐香油錢」、「捐錢印善書」、「捐錢修廟」及「捐錢作社會慈善」減少的困境。在總分 5 分的量表，只落在 2.44-2.69 分間，低於 3 分的中間值，屬於低度的「宗教捐獻」。

信眾「捐香油錢」少、「助印善書」金額低、「捐作慈善」錢少、「捐修廟宇」功德款少；形成鸞堂無法成為「濟世堂」。「巧婦難為無米之炊」，宗教捐獻少的鸞堂，勢必難以發展。宗教捐獻與鸞堂發展，彼此互相依賴。

當鸞堂沒有金錢「修廟」，堂貌呈現衰敗；沒預算將鸞文「印製善書」及作「慈善救濟」，鸞堂無法吸引信徒認同。鸞堂無力投入這三項作為，信徒也隨之流失，也就造成現代鸞堂進一步的萎縮。

當鸞堂沒有優質鸞手，勢必難以吸引信徒；這是宗教捐獻減少的主要原因之一。此時，如果鸞堂應該轉型為「觀光型」、「社教化型」的香火廟宇。前者，以台北行天宮為著名；後者，以基隆代天宮較為成功。

行天宮地處都市交通要樞，雖然停止鸞務，但是靠免費的祭星、收驚，依然贏得信徒捐獻認同。代天宮尚維持鸞務，它結合本地老人化社會的需求，開大量的「社教班」；轉型成功，吸引學員成為信徒，導致香火鼎盛。

講經弘法人才不足

鸞堂的的第五個困境，是缺少講經弘法的人才。

當扶鸞降筆出現鸞文後，必需由資深且懂儒、釋、道三教的鸞生加以詮釋。將它現代社會的問題、困境連結，合理轉化仙佛旨意。可惜的是，這種人才太少了！

台灣地區的佛教在戰後快速成長，道教急遽萎縮，以儒為宗的儒、釋、道「三教融合」的鸞堂，也有蕭條的現象。關鍵因素在於講經弘法人才，前者勝過後者太多。

打開電視機，宗教電視台以佛教最多，其次為耶教，偶而見到唯心聖教的弘法；獨不見道教及鸞門宗派。這些能言善道，具有講經弘法吸引信徒的魅力，常能開山立派。相反地，鸞堂並沒有出現跨區域或跨國界的偉大宗師。

當然，鸞手如果能根據仙佛旨意作現代性的詮釋，需要有幾個條件：

1. 主觀詮釋：必需具備引經據典，旁徵博引他人見解的論證能力。

2. 全球視野：必需觸及、理解當代社會的重大困境與信徒的各種需求。

3. 口語闡述：必需具備激發信徒的宗教情感與修行心靈之魅力。

果能將這三者之間，產生緊密連結，作自己深入淺出的詮釋，就可能引人入勝，打動信徒的宗教心靈。但是，此時此刻的台灣鸞堂，難尋這種宗師，自然也導致了鸞務萎縮與困頓。

星雲法師

證嚴法師

2020 玄門真宗辦理扶鸞論壇（北部場基隆代天宮）

　　就鸞門長遠發展來看，還是得回到人才養成這塊。或許，可以借鏡西方耶教、伊斯蘭教、東方兩岸的佛教、大陸的道教及台灣的一貫道等神（佛、道）學院。其「制度化」的宗教教育規劃，代代培育出優質的講經弘法人才。

　　當然，也有少數新興鸞堂例外。玄門真宗教尊陳桂興，在短短數年內，以其扶鸞與講經弘法能力，吸引數千信徒入教。胼手胝足、共同開闢彰化玄門真宗，成為台灣地區少數開宗立教之鸞堂。

宗教行政管理人才不足

　　鸞堂的的第六個困境，是缺少宗教行政管理人才。

　　我們知道，所有的宗教活動必須以神聖活動為「經」，而神聖活動的推廣，則必須以世俗的行政人才為「緯」，兩者相互搭配，才可能推廣宗教。鸞堂自不例外。

　　根據我們調查當代鸞堂的鸞生，他（她）們自己也相當清楚，堂內推廣宗教的「行政管理人才」，明顯不足。

　　規劃以 5 分為滿分的量表，將「行政管理人才」作細項調查。發現：「人力資源管理人才」僅得 2.5 分，「形象包裝（行銷）人才」得 2.46 分，「出版刊物人才」得 2.45 分，「史蹟整理、解說人才」得 2.41 分。這 4 個項目，皆低於中度的 3 分平均值。

　　鸞堂內各種神聖化鸞務的推廣、行銷，理論上，絕對需要各類「行政管理人才」。如用「人力資源管理人才」，作專業人才的招募、組織分工及人才工作效能評估。用優秀的「形象包裝（行銷）人才」，作鸞堂整體行銷，及短期年度計畫規劃、推動，中、長程計畫的擘劃、估計。

　　用優質的「出版刊物人才」，將鸞文轉化成可讀性高「電子」、「傳統」善書。用「史蹟整理、解說人才」，為自己的堂務、堂史沿革作日志，將堂內的建築、法器硬體，鸞文、三教神祇、經典及儀式等軟體，作優質、引人入勝的記錄及解說。

　　佛教界的朋友在此領域表現相當傑出。

　　佛光山星雲大師頗有先見之明，他年輕時，早已經把古老的佛學、經典，變成卡通、漫畫，讓一般年輕學生喜歡閱讀。2000 年，辦《人間福報》，是最

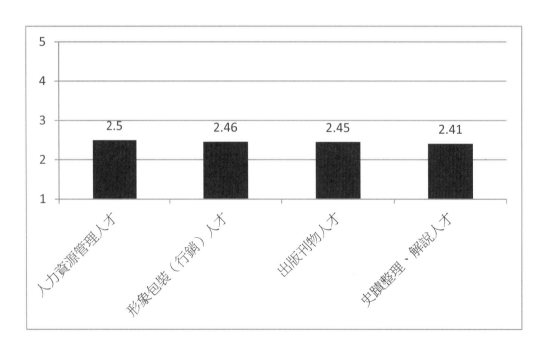

早行銷佛教的報紙。

慈濟功德會證嚴師父於 1967 年，就出版《慈濟月刊》，1989 年刊行《靜思語》，1998 年創〈大愛電視台〉。召集專業媒體人才，大力行銷她的「宗教神聖國度」。

法鼓山聖嚴大和尚不遑多讓，創辦佛學院培養「數位化人才」，因應 AI（人工智慧）、Big data（大數據）、VR（虛擬實境）、MR（混合實境）、AR（擴增實境）的時代需求，也為該宗派作宗教行銷。

或許這三大佛教山頭的「宗教行政管理人才」募集、培育，可資鸞堂精進、借鏡。

大愛電視、法鼓山、人間福報 APP（翻拍自網路）

玄門真宗護道會為該教重要的志工組織

志工不足、效能不彰

　　鸞堂的的第七個困境，是宗教志工過少及效能不彰。

　　我們對鸞堂的鸞生作調查顯現，他們頗認同「神明會組織效能」，得分為3.31。至於其他志工組織，除了「打掃宮廟義工組織效能」，得分為3.28，在中間值3分之上外；其餘義工皆低於3分。

　　如「唸經義工組織效能」，得分為2.89；「宮廟導覽義工組織效能」，得分為2.88。「募款義工組織效能」，得分為2.78；「收鸞義工組織效能」，得分為2.69。

　　由此看來，除了「神明會」、「清潔打掃志工」外，鸞堂並不重視或很少建構各類型志工的組織效能。最主要的原因在於：傳統鸞堂執事者只重視鸞務，沒有「遠見」看到志工的組織建構、運用及效能。

　　不像佛教領袖，她（他）們皆非常重視建構志工組織。

　　以慈濟功德會為例，到 2020 年止，全台女性「慈濟委員」、男性「慈誠委員」，計約有 6 萬餘名。她（他）們為達成「行經」，就可以在今生成為「菩薩」，每個月「為慈濟」、「為師父」募得諸多功德款。

　　她（他）們是台灣最大的募款、救災、參與宗教法會的「志工組織」。在其師父的鼓勵下，所作所為皆屬師父口中的「菩薩行徑」。

　　其內心存在「積德行善功德觀」的宗教心理，轉化成為對慈濟師父理念高度的「認同度」；對社區組織高度的「凝聚力」；並樂於「募款」；辛苦投入「救災」；這些作為是她（他）們今生「成佛」之準備。

　　我以為，鸞堂領袖也可如法炮製。

　　用宗教信仰語言，激發潛藏於華人信徒常見的「功德觀」、「因果觀」、「輪迴觀」、「神明鑒察觀」及「成佛觀」。鼓勵信徒成為志工，為恩主公服務、身體力行鸞務。激勵他們的宗教心理，宣稱「今生的行善積德，今世就可成菩薩、可仙」。

　　如此一來，鸞堂或許可以像「浴火鳳凰」一樣，轉化重生！

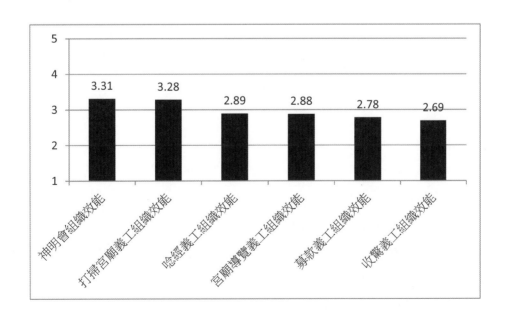

【與神對話】

玄門真宗的女性正鸞手妙筆

大潭保安宮省修社男、女記錄生

基隆代天宮女性鸞手

埔里萬聖宮曾有男性正鸞與女鸞生

10.2 鸞堂的新興

當代社會特質

　　「宗教離不開社會」，是宗教社會學的「鐵律」。同樣的，我們也深信「鸞門也離不開社會」，「扶鸞須貼近社會」！

　　認清這項原則後，就得思考當代鸞堂如何融入社會，掌握其特質並與其相適應。當代鸞堂領袖、主事者、正鸞手必須掌握此要訣，他才能帶領鸞堂化危機為轉機，再創新興，生存於現代社會。

　　然而，現代社會有那些特質？鸞堂的扶鸞如何與之交融？此兩個問題，就

非常值得細究。

對於前者，我以為台灣受「全球化」的影響，本地已經出現「女性主義」、「教育程度升高」、「民主參與」、「生活步驟快速」、「使用白話文」及「數位化運用」等現象，或許它們可以具體表現現代社會的特質。

對於後者，我認為為華人鸞堂的領袖，應該洞燭先機，必須調整「傳統」且「古老」的扶鸞。主動將當代社會特質逐漸融入到扶鸞儀式中，轉化古老、保守思想。賦予「傳統」儀式新內涵，重新紮根於現代台灣社會。

女性主義（feminism）

女性主義為當代全球文化的主流價值之一。

它主張「兩性平權」、「女性和男子一樣受教育」、「女性經濟、思想獨立自主」、「女性走出家庭、到社會工作」、「男女同工同酬」、「男女共同作家事」、「女性婚姻自主」等價值觀。

當這項思潮蔚為社會風潮後，它也會進入鸞堂的鸞務中。過去，女性只能在扶鸞儀式中擔任配角的角色，不得進入內殿，被限制在外殿聆聽神的話語，現在則出現了變化。

部分的玄門真宗、桃園真佛心宗、新店混元道場等鸞堂及一貫道道場，出現了女性鸞手、唱生、記錄生。女性在扶鸞儀式擔任主要工作，她們變成扶

淡水行忠宮鸞生黃德利宮主（左圖中間）與資深女性鸞生

玄門真宗法師集體唱誦《關聖帝君大解冤經》

鸞儀式的主要角色，打破過去男性主導儀式的傳統與禁忌。

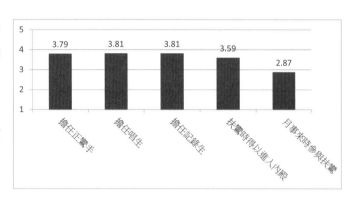

我們的調查也顯示出，鸞生認同扶鸞時，接納「女性主義」。在 5 分的量表，皆呈現 3 分以上的正向支持。

「女性擔任正鸞手」，得 3.79 分；「女性擔任唱生」，得 3.81 分；「女性擔任記錄生」，得 3.81 分；「扶鸞時女性得以進入內殿」，得 3.59 分。只有「女性月事來時參與扶鸞」，得分低於正向，只拿 2.87 分。

部分鸞堂扶鸞前後，都有誦經請、送神明。淡水行忠宮、松山慈惠堂、松山慈祐宮、桃園真佛心宗、玄門真宗、台北覺修宮等，它們都組織女性誦經團，在扶鸞時發揮且扮演重要的角色。

由此看來，台灣保留的古老扶鸞，頗能與女性主義結合。未來鸞務在現代女性主義思潮的影響下，女子正鸞手將扮演更為吃重的角色。也有可能出現「女子教尊」，帶領鸞門發展。

教育程度升高

台灣在 1960 年推動 9 年國民義務教育，1990 年教育改革後，廣設大學，幾乎人人可以讀大學。雖然，大學生素質降低，但是，整體國民的教育程度升

信徒集體誦經迴向給祖先、親人

真佛心宗在扶鸞結束時同誦《覺世真經》

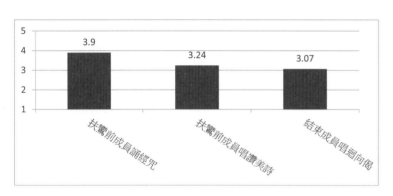

高，已是事實。

　　在過去農業社會時代，文盲多；由儀式專業神職人員－法師、道士主持科儀，信徒拿香在其後跟拜，乃屬常態。現在，已經進入工業及後工業社會，人人受教育；在儀式中，集體共同誦經、唸神咒，更屬合理。

　　我們的調查也顯示出，鸞生認同扶鸞時，支持「共同誦經咒」。在5分的量表，皆呈現3分以上的正向支持。

　　「扶鸞前所有成員誦讀經咒」，得3.9分；「扶鸞前所有成員唱讚美仙佛詩歌」，得3.24分；、「扶鸞結束所有成員唱迴向偈頌」，得3.07分。

　　部分鸞堂如玄門真宗、高雄意誠堂、新店混元道場等，它們在請神時都有法師帶領所有的鸞生，集體用「漢音」清唱〈淨三業神咒〉。

　　桃園真佛心宗則是資深法師帶領鸞生，在開始、結束扶鸞時，共同唸誦《關聖帝君覺世真經》。高雄文化院比較特別，在開始、結束扶鸞時，共同唱讚美仙佛詩歌。玄門真宗在扶鸞結束時，所有成員唱迴向偈頌。

　　當然，也有例外。獅山勸化堂及丹天善堂維持資深鸞生誦〈寶誥〉請神，其餘信徒跟拜的傳統。

第七屆全國扶鸞展演採用現場網路直播

玄門真宗採用關聖帝君 AR

由於鸞生與信徒皆受教育，都有能力閱讀誦經。因此，在扶鸞開始、結束前，讓所有信徒集體吟唱經咒，體認經典意涵，神對鸞生的期許及彼此祝福，足以強化鸞生內在的神聖性、道德性，及對鸞堂、扶鸞的認同。

數位化運用

「文化中的『科學技術』會影響到宗教」，是「科學與宗教」、「文化與宗教」的「假設」及「研究主軸」！

而當台灣幾乎與全球同步接納科學、技術；在 1980 年代，全球步入第三次工業革命 -「數位化」、電腦、全球資訊網的時代；在 2010 年，步入第四次工業革命 - 分散雲端、AI、大數據、自動駕駛、機器人、網路直播的時代。

自然而然地，此第三、四次工業革命，正在翻天覆地的改變人類生活的各個領域。電腦化、數位化及 AI、網路直播也衝擊到鸞堂及扶鸞。

在 2004 年的調查，鸞生認同扶鸞時，支持「使用電腦」。在 5 分的量表，皆呈現 3 分以上，顯現鸞堂接納電腦的開明傾向。

其中，「抄錄生用電腦抄錄」得 3.80 分；「用多媒體立即顯示鸞文，拉近人與神距離」，得 3.41 分。玄門真宗首開風氣之先後，不少鸞堂跟進。鸞堂及

 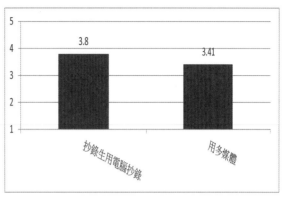

使用多媒體處理鸞文

扶鸞不可避免「電腦」、「多媒體」等硬體的衝擊。

過去，扶鸞時正鸞手揮鸞，唱生唱出鸞文，抄錄生將鸞文記載，再由宣講生逐字宣講。現在，抄錄生直接將鸞文輸入電腦，連結多媒體大螢幕，顯示仙佛的話語，讓所有靜坐的信徒也能閱讀感受神的旨意。

到 2020 年，對第七屆全國扶鸞展演的觀察，玄門真宗再次於基隆代天宮、彰化玄門真宗、高雄意誠堂三地，首開網路直播北、中、南三場扶鸞，立即影像宣講、傳送到現場及 YouTube。

這項創舉，贏得了參與扶鸞各宮廟堂及觀摩學習團體、個人的讚歎。

此外，玄門真宗及高雄意誠堂執事，也善用「寶可夢」及「臉書社群網路」。前者，只要下載玄門 App「關公立可拍」圖像，就可在照片中顯示關公。後者，提出「一日一鸞文」，張貼到其官網上，推廣扶鸞文化。這些操作數位化科技作為，就是要吸引信徒關注及流瀏。

白話文運用

民國四-八年五四新文化運動，又稱「白話文運動」。此運動到了國府時代，推廣全民教育時，得到了強大的助力。中小學校教導學生使用白話文，到高中、

職以後，才有比較深奧的古文學賞析。

在 1980 年代之後成長的鸞手，深受白話文教育影響。他（她）缺少傳統的國學、漢文教育，只能代表仙佛寫出白話語文體，及沒有押韻的「七言詩」、「貫首詩」。

不似老一代的鸞手，扶鸞創作傳統的鸞文。隨手翻閱善書、經典，皆可以見到仙佛降筆對仗工整「對聯」或七言或五言「律詩」，或是吻合韻腳的「七言絕句」、「五言絕句」，甚至曲韻合協的「宋詞」。

儘管鸞文出現「白話、古詩」並陳的現象，我們調查鸞生發現每個細項，在 5 分的量表中，皆呈現 3 分以上。顯現現代鸞堂，已經接納白話文、古詩文的融合傾向。

扶鸞的鸞文「使用古詩為主，白話文為輔（漢音）」，得分最高，為 3.73 分；「使用白話文（漢音）」，得 3.58 分；「使用國語」，得 3.30 分；「使用白話文為主，古詩為輔（漢音）」，得 3.29 分。

在古詩文部分，鸞生頗認同「絕句」的鸞文；反對「五言律詩」及「四六駢文」。

其中，鸞文「使用七言絕句」，得分最高，為 3.78 分；其次，為「使用七言律詩」，得 3.34 分；「使用五言絕句」，得 3.21 分。這三種鸞文，皆屬正向

古文體鸞文：智仁堂《鸞噦精華》與勸化堂《宣音普濟》

評價。

鸞文「使用五言律詩」，只得 2.91 分；「使用四六駢文」，得分低至 2.64；「古詩不押韻」，僅得 2.49 分；「使用外國語」，最低，只得 2.33 分。這四種語文表現，未得到鸞生認同。

我在真佛心宗的調查，就出現鸞手寫出中、英、日文混合的鸞文。在馬來西亞、日本的鸞文，就以當地的語文表現。前者，應該屬於「特殊個案」；後者，則是「在地化」的「正常個案」了！

擴大參與

當代台灣在 1990 年代，搭上全球「第三波民主化」（democratization）。全民的「平等、自由投票」、「大眾諮商」、「參與公共事務」、「自由組織

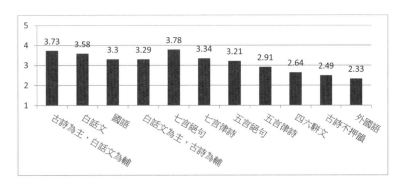

《地獄遊記》詩文與白話文並呈　　　　　高雄文化院鸞生以唱白話文詩歌

社團」，成為現在社會的主流價值之一。

此全民普遍參與政治的現象，逐漸地成為本地百姓生活常態，也影響、滲入到宗教儀式中。一改過去由菁英領導，普羅大眾信仰者於後跟拜之俗。在扶鸞時，變成擴大鸞生的分工、參與。

本來扶鸞已有將鸞生分工，各司其職，各盡其份的傳統。現在部分鸞堂擴大鸞生參與，在扶鸞時，將長佇立於內殿兩側的鸞生，改為「靜坐生」。再增加「接、送駕生」、「護駕生」、「電腦抄錄生」等類。

根據我們的調查發現，鸞生認同「擴大、共同參與」扶鸞。在 5 分的量表，皆呈現 3 分以上的正向支持傾向。

在扶鸞時，「跪在門口，輪流擔任接駕生接送神明」，得分 3.32；「鸞生在神殿前殿分乾與坤兩區靜坐，感應仙佛的降臨」，得分 3.28。只有「自行感受仙佛靈動起舞」，得分稍低、僅有 2.7 分。應該是鸞生屬「文鸞」本質，比較少「武（舞）乩」的特性，才給此項低於 3 分的負向評價。

長期觀察、比較玄門真宗、桃園真佛心宗、高雄文化院等新興道場，他們的鸞生在儀式過程中都扮演不同的角色，擴大了傳統扶鸞的分工與參與。

他們輪流擔任接駕生、鐘鼓生、筆抄生、護駕生、唱生、撥砂生及正鸞手，其餘的鸞生沒有承擔工作時，也可在神殿前殿分「乾」與「坤」兩區靜坐，感應仙佛的降臨。

在民主參與的「框架」下，鸞門領袖敏銳的嗅出其內涵。他帶領的是一

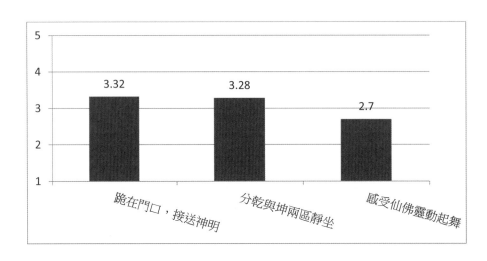

玄門真宗信眾同讀《大解冤經》

桃園真佛心宗鸞生與信徒共誦經文

群樂於參與的「現代型鸞生」，使其在扶鸞時分工、擴大參與。鸞生於儀式現場感受仙佛臨壇，共同感動及修行，強化自己對儀式的認同及神聖感。

扶鸞與社會的融合

　　從上述的討論得知，台灣地區廟宇中的扶鸞與台灣社會的主流價值體系的融合現象。如果鸞堂執事掌握到「女性主義普及」、「教育程度提高」、「數位化」、「民主參與程度提升」及「白話文運用」等當代社會的本質，引入扶鸞儀式，或許可以促進鸞堂的中興。

　　儘管，扶鸞在當代社會的變遷與融合，並非是每個廟宇與鸞堂的普遍現象。但是，已有不少鸞門領袖看到這些融合的契機，是當代鸞門再生的「種子」。

　　我估計，在未來的台灣社會中，鸞堂欲永續發展，它堅持亙古不變「勸善」、「濟世」的價值觀外，它必須抱持開放的胸襟，欣然接受社會主流價值及科技的洗禮。畢竟，漢人的扶鸞欲現代化，它必需植基於當代社會；鸞堂領袖不能「視而未見」當前社會的發展、變化。

　　簡言之，扶鸞如能「與時俱進」，和人類社會發展及主流文化價值體系連結，表現出「扶鸞的融合主義」，它就可以「浴火重生」。反之，它將會被時代主流價值淹沒！

　　事實上，我們祖先在過去，即上演過扶鸞與社會融合的戲碼。如今，我們這代自不例外；鸞門執事者要再次的細心體會兩者如何相融。面對未來，我們才能持續吟唱鸞文詩歌，用扶鸞撫慰蒼生的宗教心靈。

Part 11

眾神之首：鸞使關公為玉皇

11.1 關公的神格積累

道教封關公為關元帥

在關羽成神的過程中，起初關羽在歷史的評價並不高。祂後來會成為華人地區儒、釋、道三教的重要神祇，不在於祂的歷史地位，而在於華人對祂的宗教信仰心理，及其祂的神話、政治領袖敕封、小說、戲曲、宗教儀式等因素。

然而，祂為何可以成為天公，形同由偉人成神後，再轉化成華人民間宗教

中最重要的自然神－天公，此種現象宛如跨越了偉人神與自然神間的鴻溝，這絕非突然出現的現象，而是關羽成神後，長期神格不斷提升的累積效果。

關公成神

關羽生前，曹操封他為「漢壽亭侯」；欲納為麾下。三國末年祂在湖北戰死成鬼，後主劉禪為緬懷其英烈，封祂為「壯繆侯」。

此時的關羽只是蜀漢英勇殉國的將軍，尚未成神。

到魏晉南北朝，關羽的英烈之風，被百姓肯定而立廟祭拜。根據荊楚濃厚的巫術風俗，關羽在此地的展現神蹟，可能是祂能夠成神、享有俎豆、香火的主要原因。

此時的關公與天公同時存在，被華人祖先所膜拜。也沒有關公成為天公，兩神合在一起的現象。關公也只是個區域性的神祇，不像天公是皇家貴族所祭拜的重要自然神。三國之後，至唐之前，帝王也從未祭拜過關公。

由此看來，關公要成為天公的路途非常遙遠，關公與天公的信仰並行不悖。一為區域性百姓崇拜的英烈、靈驗神祇；另一為天子祭拜、皇家最尊崇的自然神。

高雄意誠堂以關公為主神，配祀諸葛先師、呂祖

　　從神祇發展的歷史來看，天公崇拜的起源非常早，根據《詩經》、《禮記》等古書的記錄，華人祖先早在四千年前就有對天崇拜的歷史。認為天的偉大而產生畏懼與景仰的信仰心理，乃對此自然神加以崇拜，是屬於眾多自然崇拜的一部分。

　　由於中國帝王以天子自居，對天的崇拜變成歷代帝王重要的祭典及政權合法化的基礎。每年天子都必須於京城的南郊祭天，少數天子遠離京城到泰山頂祭拜「天地」，稱為「封禪」。

　　到了唐朝，玄宗皇帝欽定正月初九為玉皇大帝誕辰，此習俗延續至今，華人民間宗教信徒，在此日拜天公。在宋以前，天公崇拜尚為皇室的專利，之後才開放天公給普羅大眾祭拜。因此，在民間宗教與道教的廟宇才會有廟門口前的天公爐，天公的崇拜變成華人社會不分階級的自然神崇拜。

　　本來天公崇拜與關公崇拜是平行的兩條線，到了清朝末年，這兩個神祇的崇拜才結合成一。台灣目前部分的民間宗教信仰者認為，此時此刻的天公已發展到第十八代，關公受禪為玉皇大帝。

　　此宗教神祇神格的轉化，應該從關公成神後的神格擴張與提升來理解，或許可以理出頭緒。這中間需要處理許多「信徒對宗教神祇轉化的信仰」及「神祇神格轉化的動力、宗教思想」等因素。

　　例如偉人神與自然神可否交替？眾多的偉人神中，為何獨挑關公來擔任天

明太祖封關公為武成王

山西運城關公祖廟的「忠義千秋」匾額

公的職位？天公為華人民間宗教與道教相當重要的自然神，尤其民間宗教信仰者把天公當作玉皇大帝，為眾神之首，關公憑那些條件而被推派為天公？

　　事實上，這些問題點出了宗教神祇研究中的一項重要課題。即在信仰者心目中，神祇可能隨著歷史與社會的變遷而產生內涵上的變化，這種變化在關公成為天公的個案上特別明顯。

　　其中，文學、戲曲小說，將關公的人格特質神聖化。讓一般普羅大眾喜歡戰死殉國的關公，勝過打勝仗的曹操、東吳孫權。由此可知，流行於大眾的文學，為關公信仰奠定的紮實基礎。

戲曲、小說提升關羽形象

　　普羅大眾喜歡關羽是深受戲曲、小說的影響。

　　從唐、宋以來就出現說書、戲曲的《三國平話》劇本，此劇本日後變成羅

虎牢關三戰呂布（保安宮壁畫）

貫中撰寫《三國演義》的主要情節。而戲曲與小說所描寫的關羽和陳壽撰寫《三國志》大不相同。

《三國志》對關公的評價並不高；相反的，《三國演義》筆下的關公，儘管壯志未酬而戰死砂場，甚至身首異處，卻在普羅大眾心目中立下了「忠義」的不朽典範，這是民間宗教關公的宗教倫理基礎。

在《三國演義》的忠義事蹟中，關羽和曹操、劉備間的恩怨情仇展露無疑，曹操大敗劉備，劉備投奔袁紹，關羽戰敗被俘，曹操欲收服關羽，拜其為將軍，

關公秉燭夜讀《春秋》超凡入聖

禮之甚厚。

　　曹操甚至用「美人計」，讓關羽和劉備夫人共處一室。此時的關羽，卻秉燭達旦夜讀《春秋》，嚴守男女之防。實踐異姓兄弟不可侵犯他人之妻的道義典範。

　　關羽秉燭夜讀《春秋》，維護兄嫂的貞節的志節，從當夜起，關公已經超凡入聖。而祂秉燭夜讀《春秋》的姿勢，手捻美髯鬍鬚的姿態，變成日後成神的主要造型。

　　不僅如此，關羽幫曹斬顏良、解白馬之圍，曹更加寵愛關羽。命其部將張遼詢問關羽，是否願為曹效忠。關羽明白告訴張遼，他知曹非常厚待他，但因與劉備義結金蘭，誓死效忠，故不能違背此誓言。張遼將關羽此意告知曹操，曹操稱讚他為「事君不忘本，天下義士也」。

　　關羽斬顏良後，曹操封賞特別豐厚，想留關羽。但是關羽退還其賞賜金，拜書告辭；曹操制止部屬，讓他離去，成全關羽各為其主的心意。祂乃護兄嫂，與張飛、劉備相會。

　　《三國演義》誇大關羽的奇人奇事，終於將關羽神化成中國民族偉大的神祇。這種部分史實，加上歷代文學家的創作想像，使《三國演義》故事中的關羽鮮活的形象注入一般民眾的心理。

　　民眾從小說、戲曲認識祂，遠超過《三國志》史學的記載。《三國演義》中的關公

礁溪協天廟關公讀《春秋》蠟像

取代了歷史《三國志》的關羽。因此，《三國演義》變成民眾信仰關公的主要動力之一。

　　普羅大眾從戲曲、小說認識來自社會底層關羽的鮮活形象，是日後關羽成神廣大且重要的信仰基礎。如果沒有《三國平話》與《三國演義》，關羽可能只是區域性的神祇。

　　儘管祂曾經於荊楚地區顯靈，可能只是地方「小神祇」。而《三國平話》與《三國演義》將關公鮮活的形象，注入到普羅大眾心中，贏得他們廣泛的認同，使祂成為家喻戶曉的跨區域性「大神祇」。

　　因此，我們不可小看文學對宗教的影響力。《三國平話》與《三國演義》，是關羽成神的重要文化基礎之一。

佛教納入關公為佛教神

　　關羽在民間信仰為「關聖帝君」；在鸞門教派為「玄靈高上帝」；都是「偉大」神祇。但是，在佛教卻只是護法「小神」。

　　為何會如此？這得從佛教將關公納為護法神說起。

　　原來，關羽在魏晉南北朝，因為顯靈而成民間崇祀的「小神」。發展到唐朝，關公已經成為兩湖地區普羅大眾喜歡的地方神祇。

　　而在此時，祂在湖北當陽成仁處顯靈，與佛教智顗大師相遇。始進入天台宗的大雄寶殿，作陪祀佛祖的「護

雷藏寺的伽藍尊者

大乘佛教視關公為伽藍尊者（中台禪寺）

法神」。這也是天台宗祖廷玉泉寺所在地。

撫今追昔，我們可從「兩塊石碑」及「兩本佛教人物傳記」來解讀，為何關將軍進入佛教神殿。

第一塊石碑：是唐德宗時期，太守董侹撰寫的〈荊南節度使江陵尹斐公重修玉泉關廟記〉，他為「玉泉關廟」重修作記錄。第二塊石碑：是北宋神宗宰相張商英寫的〈重建當陽武廟記〉，他也是為「玉泉關廟」重建後作記錄。

兩塊玉泉寺的碑文，訴說佛教天台宗祖師爺智顗大師與關公相會，「收祂為弟子」、「封祂為護法神」的神話故事。

除了兩塊石碑外，尚有兩本佛教人物傳記，再詳細的說明這些故事。第一本，是宋徽宗曇照法師書寫《智者大師別傳註》；第二本，是南宋僧人志磐撰《佛祖統紀》。擴張兩碑文的內容。

綜合佛教的「兩碑文」與「兩傳紀」，發現祂與佛教的「特殊之緣」。前者「簡述」，後者「加油添醋」，增添不少智顗與關羽對話情節。整體看來，

有 6 個神話流傳：

1. 智顗打坐時，與山中大力神鬼及眷屬相遇。

2. 此神鬼及眷屬即是關羽及關平太子。

3. 關羽承諾智顗，願捨山作佛教僧坊。

4. 智顗為其父子授五戒，納為佛門子弟。

5. 關羽用神功為智顗建玉泉寺，永為佛教護法。

6. 關羽在大雄寶殿護衛佛祖，同享香火。

智顗大師告訴門徒，關羽願意捨關公廟為佛祖建造玉泉寺。事實上，神秀大師也有類似關羽顯聖的說法。

他宣稱玉泉山建立的道場為三國關羽顯聖之地，神秀拆毀關公廟、破土建寺，看見關公提刀躍馬於雲霧之中，並願意擔任佛祖的護法神。

因此，在全球的佛教信仰中，早先只有大乘佛教天台宗與禪宗的佛祖殿，

民間宗教常設大雄寶殿以伽藍、韋馱尊者作為護法神（台北保安宮）

供奉關公。之後，逐漸地擴大到中國佛教各宗派或民間信仰廟宇。至今，只要這兩類宗教設大雄寶殿者，幾乎都可以見到其神像。

佛教封關羽為「伽藍尊者」與原本佛教的「韋陀尊者」並列，站在佛祖的左、右兩側。這也是關公信仰「大乘佛教化」的特殊現象。

從佛教寺廟的碑刻、傳記，宣稱關羽顯聖的記錄，說明了關公在唐、宋兩朝，已經是普羅大眾信仰的重要神祇，也是佛教的神明。

佛教師父將關公納入佛教的神譜，也意味著外來佛教本土化後，深諳採取融合民間宗教的策略。此舉既增加了佛教原來神譜內容；也吸引民間宗教信徒進入佛門，擴張佛教信仰人口。

我們可以說，關公信仰起源起於華人荊楚地區的民間宗教，到了唐朝，滲入到佛教信仰。

而此現象，種下日後「扶鸞造經、造神」的過程中，關公被三教教主 - 釋迦牟尼佛、道祖、孔子，推薦為天公的種子之一。

儒教封關公為神

儒教封關公為神甚晚，遲至唐朝始用儒教標準勒封祂！

關羽於建安五年（220) 被東吳呂蒙設計誘殺，殉死於湖北當陽。40 年後，蜀漢後主劉禪於景耀三年（260）首度追諡號為「壯繆侯」。既褒獎祂的「忠心壯烈」，也具有一點貶損祂的「粗心繆誤」，才會慘遭「身首異處」。此時，蜀漢只是追諡，並未祭

唐玄宗設武成王神殿（新竹關帝廟）

祀。

到了唐玄宗皇帝，根據《禮記》的「法施於民、能防外患、能消大災、忠勤於事、以勞定國」五項封神祭祀標準，設「文宣王」神殿及「武成王」神殿，祭拜這兩種「功國偉人神」。

文宣王神殿，以孔子為主祀，其賢能弟子 72 為從祀；武成王神殿，以姜太公為主祀，張良等 10 位偉大的軍師、將領為從祀；尚未見關公名諱。

直到了德宗建中三年（782），於安史之亂後，開始關注到壯烈犧牲的祂。皇帝於主祀、配祀之外，增列春秋戰國至隋唐的 64 個將軍於左、右兩廂作為從祀。關公就列在東廂排名 15 名，登上武成王之神殿，饗朝廷香火。

唐皇帝設此兩神殿，奉祀「盡忠職守，功在族國」的文武兩類聖賢、軍師、名將，目的在於豎立典範。供滿朝文武百官，頂禮膜拜、學習。卻對宋、元、明、清及民國等朝代產生影響，創造了文廟、武廟兩個系統。

此後，歷代皇帝不斷加封關羽。到了宋朝，徽宗皇帝加封祂為「忠惠公」，之後提升為「武安王」、「義勇武安王」。宋高宗加封「壯繆義勇武安王」，宋孝宗再加封為「壯繆義勇武安英濟王」。在元朝，文宗封祂為「顯靈義勇武安英濟王」。

對關公信仰影響最大，應屬明太祖朱元璋。

他看了歷朝皇帝奉祀姜子牙為武成王，深覺不妥。他特別欣賞關公的盡忠、神勇、壯烈，提昇祂為武廟之首，請下了姜王呂尚。他還下令全國各地設立武廟，主祀關公。從此，改變了關羽的神格地位及信仰版圖。

清朝康熙皇帝，持續加封祂為「忠義神武大帝」，依舊看中他「忠義神武」的軍人特質。然而到了雍正皇帝，又有了變化。

他歷經「奪嫡之爭」，特別重視「盡忠、殉死」的臣子，而關羽就具備此特質。他比照對孔子後裔的封賞，賜其子裔世襲為五經博士，享朝廷俸祿。再於農曆 6 月 23 日，再遣官代表朝廷到山西關公祖廟，以「釋奠禮」奠祭祂。

明鄭成功奉關帝為武聖（台南祀典武廟）

雍正以來，一反明朝皇帝對關公的見解，認為關公具文人的「仁、義、禮、智、信」五常德特質。祂不再只是「武聖關公」，而是文人祭拜學習的「文人大神」，足以媲美孔聖人。他要其臣子學習關公，對皇帝、朝廷盡忠。

到咸豐皇帝時，乾脆抬其神主牌入孔廟，將山西夫子、山東夫子兩神主並列，讓滿朝文官、士子前來頂禮讚嘆兩位夫子之德行。此時，關帝得到朝廷的青睞，與孔聖無異。

由唐至清，皇帝加封、累封關羽，由「侯」而「公」，再由「公」轉化為「王」，再由「王」提昇為「帝」。關羽逐漸得到了歷代皇帝的肯定；尤其是明太祖之後的皇帝，厚愛祂遠遠地超越了其他將軍。

歷代皇帝封關公為神，異於一般普羅大眾。百姓祈求關公「顯靈」，神威顯赫，庇祐蒼生。明以前的皇帝是看重關羽的軍人「神勇」特質，足以保家衛國。清朝皇帝重視關羽的文官「忠義」氣節，才能盡忠職守，勿愧對朝廷俸祿。

當皇家貴族肯定關羽「一武一文」的特質，在全國各地派官員奉祀。上行下之際，理當加深了民間宗教中的關羽崇拜現象。朝廷、民間有共同的神祇，既可維繫民眾對朝廷的認同，也符合朝廷豎立典範帶來的統治利益。

從此之後，關公多了一個文昌神的神格，關、孔並祀的傳統就此新設。這種讀書人膜拜關公的傳統，使關公變成鸞門中三聖恩主或五聖恩主的主神。祂是儒教的象徵，也是民間宗教

山西運城祖廟關公為玉帝的造型

明神宗封關公為「三界伏魔大帝神威遠震天尊關聖帝君」

的「文昌神」。

而此恩主公信仰，從明、清以來，運用扶鸞儀式創造出許多經典，在經典中種下了關公成為儒教教主孔子推薦為天公首選的因素之一。

道教納入關公為元帥

道教納入關公為神譜，應該始自宋朝，可以分為「皇帝封神」與「典籍封神」兩個脈絡。

兩者交錯影響，從宋皇帝召來道教張天師在皇宮施法有功，乃提升了關公神格，成為「關聖帝君」。道教道士在民間作醮、施法、持咒術，召請「關元帥」來斬妖除魔。

首先言「皇帝封神」的脈絡：宋朝哲宗、徽宗皇帝時，曾召請三十代天師張繼天到朝廷，解決朝廷的山西鹽氾濫之池困境。張天師乃設壇作法，延請座下之關公到解州斬掉蚩尤，解除鹽池之害。

當下，應皇帝之邀，張天師請關公現形於前。皇帝於崇寧四年（1105）乃

宋徽宗請第 13 代天師張虛靖設壇令關公赴解州斬掉蚩尤

加封關羽為「崇寧真君」。

到了明朝神宗兩次加封關公，提升其神格。最早，於萬曆六年（1578）接受了解州道士張通元建請加封關羽，封關羽為「協天護國忠義大帝」。從此，「關王」晉升為「大帝」。

到萬曆四十二年（1614）皇帝再次加碼，加封關羽為「三界伏魔大帝神威遠震天尊關聖帝君」。之後，道教和關公的關係更為緊密，關公變成道教掌管天上、人間、地獄等三界最高的神祇。

其次，說「道教典籍封神」的脈絡：約莫 40 項的敘述，關羽為斬妖除魔神格的「關元帥」，主要記載於《道藏》，少數存在於《藏外道書》。

在《道藏》中，關公與康、溫、馬、趙、殷元帥同為玄天上帝的部下

　　道教接納關羽為斬妖之神，應該是受北宋皇帝封關羽為崇寧真君所影響。分為：1. 關元帥的造型；2. 齋醮科儀中的關元帥；3. 法術中的關元帥；4. 咒語中的關元帥；5. 雷法中的關元帥等五類。

　　細究其內容，可以得到幾個概念。

　　1. 道教最早納關羽為神，應該是在南宋蔣叔與（1163-1223）的《無上黃籙大齋立成儀》，將「崇寧真君」納入道教齋醮科儀神系。

　　2. 道教視關羽為「關元帥」，與溫、趙、馬、王、殷、鄧元帥並列，位階不高。

　　3. 關元帥受張天師、道士差遣，作醮時與其他元帥降臨法壇護衛。

　　4. 北玄（玄天上帝）、酆都大帝或東嶽大帝等神明，都可行秘法、雷法、持咒，命令關元帥前來斬妖除魔，關羽是其部將。

　　5. 南宋、元、明時期的道士，作醮行科儀時，皆可持雷法、符咒、指訣、禹步、行氣，單獨命令關元帥前來斬妖除魔。

　　總的來說，在道教神譜中，關羽是其作醮、行科少不得的「護法神」、「斬妖除魔神」。護壇功能，位階如同佛教伽藍尊者。斬妖除魔功能類似玄天上帝、雷神，但是，卻受其差遣。

乾隆賜給關公「神勇」的匾額

難怪，我們偶而會見到台灣部分神將團，雕刻「關羽巨型神將」，於遶境、迎神時，與其他馬、溫、趙、王元帥並行，走在前面護衛神轎上的大神。應該是與道教的「關元帥」有關！

關公職能擴張，奠定他成為天公的基礎

關公為跨教之神，再加上職能擴張，乃奠定祂成為天公的基礎。

隨著唐以來的關公神譜史，我們發現兩個重要的事實：關公為儒、釋、道三教與民間宗教的神祇；關公的職能擴張為萬能神。它們使關公的信仰範圍擴張成為全球華人神。

首先，談談關公為儒、釋、道三教與民間宗教的神祇。

關羽為蜀漢壯烈犧牲，荊楚地區百姓念其英雄神武，在其歿後，即立廟祭拜。望其神靈顯赫，庇祐鄉民，此為華人民間宗教中的「關公」。估計，在魏晉南北朝時，百姓已為祂立廟。

　　儒教脈絡的關公，具「文官、武將的典範」。最早在唐朝為皇帝封為「武成王」之將軍，隨後至明太祖成為武成王之首，清雍正視祂為孔教實踐者，將祂推崇為文人之神。此為皇帝以儒教標準封神之脈絡。

　　佛教天台宗也在唐朝湖北當陽，與關公結了宗教情緣。根據唐、宋兩張佛教玉泉寺的重修碑記及兩本智顗大師的傳記，關公皈依受戒於其座下，捨山用神力為佛祖修建佛寺，永遠為「伽藍尊者」。

　　道教遲至宋朝，才將關公納為「關元帥」。祂受 30 代張虛靖天師差遣，也聽命於玄天上帝、東嶽大帝、雷部。道士作醮、行法、走禹步、持咒、施符，可延請祂下凡來法壇「護衛神」及「斬妖除魔神」。

　　我們可以用清朝在山西關帝祖廟的對聯，說明關公信仰在三教的重要地位：

　　「儒稱聖，釋稱佛，道稱天尊，三教盡皈依，式瞻廟貌長新，無人不肅然

山西運城關帝祖廟

智顗大師

明太祖

張虛靖

起敬。 漢封侯，宋封王，明封大帝，歷朝加尊號，矧是神功卓著，真可謂蕩乎難名。」

當然，這對聯中，有正確，也有錯誤之處。正確者，如儒、釋、道三教皆奉祀祂。又如歷朝加尊號，漢封侯，宋封王，明封大帝。其廟貌長新、神功卓著，萬民膜拜，至今香火依然鼎盛。

錯誤者，如祂只皈依釋，儒與道是加封祂，並沒有皈依之說。又如三教之外，祂也是乩（鸞）堂、一貫道、天帝教、理教、民間宗教的主神或是配祀、從祀神。

其次，關公的職能已經擴張為萬能神。

關公的職能不斷擴張，與不同宗教領袖、信徒、行業對祂的有關。

大部分的神祇有固定的職能，如媽祖為海神，孫思邈、許遜、保生大帝為醫藥神，土地公、趙公明、比干為財神，張亞子文昌帝君為功名考試神，陳請姑、蜀王張仙為求子之神。

然而，關老爺卻有多元神格。皇帝喜期待祂的英勇報國、壯烈犧牲及實踐儒家仁義禮智信的五常道德；祂乃成為軍人守護神 - 武聖關公及文官、讀書人祭拜的山西夫子。

其中，祂的文人神性格，影響到民間宗教及鸞堂。

在民間宗教廟宇的文昌殿，除了文昌帝君外，也有文衡聖帝 - 關羽、文魁星、呂祖、朱衣星君，合稱五文昌。讀書人為了求取功名，到孔廟祭拜孔子添

民間宗教視關公為文衡聖帝

關公為五文昌之一（右二）

智慧，也會膜拜關帝。

至於鸞堂中的扶鸞，關公是經常降鸞的神祇。尊稱祂為「恩主公」或「玄靈高上帝玉皇大天尊」。信徒「問事」，求助關夫子降鸞指點迷津；祂也降筆出文教化子民，嚴守儒教道德。

在隋唐之際，關公被請入城隍廟供奉。關公顯靈協助宋朝的胥吏破案，幫助了他們解決難題。於是胥吏更加虔誠祭拜關公，從此奠定日後華人社會，員警祭拜關公的傳統。

此外，祂也是洪門、青幫理教等敬拜的「幫會大神」。

由於祂出身普羅大眾階級，與劉備、張飛義結金蘭，變成中國異性兄弟結盟的典範。祂對異性兄弟重視情義、信守承諾，成日後中國社會底層效法的神祇。

當李自成攻破北京，明朝崇禎皇帝自盡，其子民秘密結社成為「洪門」。廣納異性兄弟結盟共同反清復明，洪門弟兄歃血為盟時，即設壇祭祀關公，請祂見證。至今，洪門仍然保留此傳統。

另外，關公有重信守諾及發明記帳之法，而被行商的生意人視為「財神」。

中國部分地區，接受明朝農曆 5 月 13 日祭關公誕辰，順便求雨。當天降甘霖，稱為關公的「磨刀雨」，視祂為「雨神」。

由上述可知，關公的神格、職能，隨著歷代皇帝不斷的加封，各宗教納入神譜賦予新職掌而產生了變遷。從單一功能的英勇將軍，變成掌管天上、地獄與人間各種吉凶事務的多功能神。

此趨勢也促使關公跨出荊楚區域，走向大江南北、中原各地。也隨著華人移民，走向全球。祂變成中華民族、全世界各地的重要神祇。這種擴張的情形，使關公的信仰層面更為廣闊。

也奠定日後扶鸞著經，創造祂成為天公的過程中，的有利情境。奠定日後清季與民國時期，降鸞著經、造神運動中，宣稱關公成為第 18 代天公的主要背景因素。

桃園三結義

11.2 經典形塑關帝成為玉皇

桃園威天宮的關公及第 18 代玉皇大天尊

關公歿後，本來在唐、宋、元之時，祂只是個小神。

佛教天台宗封祂為「伽藍護法神」；道教則稱祂是斬妖除魔、玄天上帝座前的「關元帥」；朝廷認可祂的忠烈、以儒教成神觀封祂，供奉祂在「武成王神殿」東廂，排名 16 的將軍。

然而，到了明、清兩代皇帝，一路加封、累封，關公升成為關王、協天大帝、關聖帝君、三界伏魔大帝。其他神祇只能望塵莫及。

而在民國的民間乩壇，對關公疼愛有加。

扶鸞造經宣稱「關公已經成為玉皇大帝」，祂是當代台灣地區鸞堂的鸞生及關公信徒的重要信仰「神話」。而「鸞」是此神話的「催生者」；如果「沒有扶鸞造經，就沒有關聖坐上凌霄寶殿寶座」的神蹟。

今日，身為沐恩鸞下，讓我們一起來理解「扶鸞造神」論，它形塑了「關帝晉升為玉皇」這項鸞門宗教發展史的信仰命題。

從明末清初到民國 61 年，兩岸兩地民間宗教中的鸞堂，用扶鸞創造許多與關帝有關的經典，成就了關帝。

《桃園明聖經》透露關公為玉帝的助手

其中，《桃園明聖經》指出關帝為玉帝的「首相」；《洞冥寶記》、《高上玉皇普度尊經》及《玉皇普度聖經》則直接說祂榮升為第

《明聖經》中關帝為玉帝的左相

十八代天公 - 玉皇大帝。

這些經典，不斷論證關帝由「偉人神」轉化為「自然神」，變成眾神之首的玉皇大帝。這種說法成為台灣地區以恩主公為主神的鸞堂系統，與部分關公廟宇信仰者的共同信仰與內心認同。

而造成這種信仰的主要因素，在於扶鸞著造經典。其中，《桃園明聖經》透露關公擔任玉帝的助手 - 首相。

民間宗教中經由扶鸞儀式創造出許多經典，在明末清初出現的《關聖帝君應驗桃園明聖經》，其〈寶誥〉中指出：

「太上神威，英文雄武，精忠大義，高節清廉，『協運皇圖』，德崇演正，掌儒、釋、道教之權，掌天、地、人才之柄，上司三十六天星辰雲漢，下轄七十二地土壘幽酆。秉註生功德，延壽丹書；執定生死罪過，奪命黑籍。考察諸佛諸神，監制群仙群職。高證妙果，無量度人。」

此經文的意涵指出關聖帝君的職與範圍，負責「協助」玉皇大帝。掌理儒、釋、道教三教的教務；統理天庭、人間與土地。36 重天的星辰，72 方的土地幽靈、酆都眾鬼。

考核世間人之功過，判定有功德者，註生、延壽；有罪惡者，註死、奪命。

從礁溪協天廟的廟名可看出關聖帝君輔佐玉皇大帝的特質

關公榮登玉皇大帝寶座

也要考校諸神、仙、佛，是否盡其本職。證實不可思議的果報，不可思量的度化蒼生。

此時，祂再也不是單純的軍人崇拜的武神，文人祭祀的文昌神，協助警察破案之神，商人求錢的財神，和農夫祈求豐收的雨神。祂已經升格為玉皇大帝的左右手，協助玉帝管理神、人、鬼三界的事務。

此經典意涵，「協助玉皇」的神格，比較符合明朝神宗皇帝封關帝為「『協天』護國忠義大帝」。「管理天、地、人三才」的神格，也符合祂為「『三界伏魔』大帝神威遠震天尊關聖帝君」的聖號。

鸞堂信眾視關公為玉皇大帝

　　經典中的關帝，既「協助」玉皇大帝，又管理「三界」。使關帝的神格再次提昇，職能再度擴張。

　　再者，《關聖帝君應驗桃園明聖經》裡的〈南天文衡聖帝關恩主寶誥〉中，直接點明關聖帝君為玉皇大帝的「首相」：

　　「至靈、至聖、至上、至尊忠孝祖師，伏魔大帝關聖帝君；大悲、大願、大聖、大慈，玉帝殿前『首相』，真元顯應昭明翊漢天尊。」

　　由此《明聖經》裡的〈寶誥〉，具體指出關帝已經昇任凌霄寶殿玉帝座前的「首相」。換言之，此時的關帝已經是在玉帝「一神之下，眾神之上」的最高階神祇。

　　此項說法，隨著明聖經廣為流傳，從清朝發展到民國，引為信仰者的美談。關公為玉帝座前首相的說法，對於祂成為玉皇大帝只差一小步。如果再有新的經典出現，就可以協助關帝這尊偉人神跨越鴻溝，邁向自然神中眾神之首的玉皇大帝寶座。

　　信仰者這種期待終於得到體現，在「新版」的《桃園明聖經》〈聖帝新寶誥〉中，直接說出關公榮登第十八代玉皇大帝：

「精中大義，雄武英文。在三分國祚之時，漢賊豈容兩立。建萬世人臣之極，馨香自足千秋。精靈充塞於古今，至剛至大。誓願挽回夫劫數，存道存人。御宇蒼穹，任十八天皇而繼統。

執符金闕，渾三千世界於於括囊。執主宰，執綱維，赫赫大圜在上。自東西，自南北，隆隆祖氣朝元。作聖賢仙佛之君師，卅六天誕登大寶。主升降隆污之運會，十萬劫普渡慈航。

佛證蓋天，恩覃曠劫。大悲大願，大聖大慈，太平開天，普渡皇靈，中天至聖，仁義古佛，玉皇大天尊，玄靈高上帝。」

在此新寶誥出現之前，事實上，至少已經有三本經典陳明關公成為玉皇大帝的宗教信仰論述。

頭戴玉皇大帝冠冕的關公像（台南釋典武廟）

因此，《桃園明聖經》裡的〈新寶誥〉理應是承接過去明聖經聖帝寶誥中的說法，直接將關帝為玉皇大帝首相的「事實」(reality) 升格。

《洞冥寶記》最先指出關帝成為玉皇

本地的三（五）恩主信仰，尊關公（呂祖）為主神，以扶鸞為濟世之方，構成了鸞堂系統。承接明、清兩代時的關帝神格，再經由扶鸞降文與造經，提升關公的神格。

到了民國時期，已有《洞冥寶記》、《高上玉皇普度尊經》及《玉皇普度聖經》等，三本經典先後指出關公已經成為玉皇大帝。

最早一次提此論述，是為民國 13 年（1924）大陸軍閥割據，天下兵燹、荼毒蒼生。雲南昆明「洱源紹善壇」，透過扶鸞宣稱，三教教主共推關帝掌凌霄寶殿。藉此撥亂反正，拯救群黎。

在《洞冥寶記》第十卷三十八回中指出，第十七代玉皇大帝上表辭職，老母允許，召開三教聖人會議，儒教孔子、佛教佛陀、道教道祖三人，乃公推關聖居攝凌霄寶殿。於甲子年（民國 13 年，1924 年）元旦受禪登基，繼任為蒼穹第十八代聖主 - 玄靈高玉皇大天尊。在寶記中指出：

「有皇上帝，多年御世，歷數難稽，髦期已倦於勤，禪代合符乎數。然非有赫赫之大聖，不足以鎮穆穆之玄穹。恭維太上神威，蓋天古佛，三界伏魔，協天大帝，大成義聖，護國翊運天尊關聖帝君殿下」。

「管天地人三才之柄，掌儒釋道三教之權。上司三十六天星辰雲漢，下轄七十二地土壘幽酆。考察諸佛諸神。監制群仙群職。卓哉允文允武，偉矣至聖至尊。

迺本歲上元甲子元辰，供奉老母慈命，升調上皇，召回西天同享極樂。即以我聖帝繼承大統，正位凌霄。特上尊號曰：『蒼穹第十八聖主武哲天皇上帝』。」

《洞冥寶記》首度宣稱關公為天公

關公為玉皇大帝造型（山西運城祖廟）

在《洞冥寶記》中，首次記載關公成為玉皇大帝的神職。關帝終於跨越了偉人神的極限，成為華人民間宗教自然神中的眾神之主－玉皇大帝。祂身著人世間皇帝的九龍官袍，頭戴冠冕，手持玉笏，此為關帝的新造型。

《高上玉皇普度尊經》再次確認關帝為玉皇

民國 16 年（1927）《高上玉皇普度尊經》，再次確認關帝為玉皇大帝。

這也是在雲南「昆明洗心堂」，扶鸞造經、出版的新經典。詳細說明關帝被儒、釋、道等三教教主推薦，祂在無極天尊面前再三辭讓。最後，祂終於登基擔任玉皇大帝。

此經文，再次強化關帝成為玉帝的「事實」：

「在無極天尊面前，接受道教元始天尊、儒家大成至聖先師與佛教牟尼文佛三教教主的推薦。在此道德衰退的季世，唯有通明首相（關公）道根深重、聰明穎異、文武雙全、功德昌盛，堪作諸神尊之師，萬聖之王，能應任玉皇大

帝寶座。

　　然而關公得知三教教主的推薦後誠惶誠恐、稽首頓首，叩謝無極天尊提攜之德，再三退讓。……三教道主奉命薦舉，伏願首相唯命是從。……於是帝君欲辭無言，上朝無極天尊。」

　　此經與《洞冥寶記》雷同之處，如下列三點：

1. 三教教主共推關公成為天公；
2. 唯關公之賢能，足承擔此寶座；
3. 玉皇大帝是輪流擔任。

　　就其兩經典的本質來看：三教教主共推關帝為玉帝的內涵一致。兩經前後呼應，咸信關聖帝君確實已經成為玉帝。然而，大陸乩堂為關帝造神運動告一段落；輪到台灣鸞堂推動此神話，出現第三次扶鸞神諭。

《玉皇普度聖經》三度確認關帝為玉皇

　　第三次，經典確認關公為玉皇，是在台灣「台中聖賢堂」民國61年（1972）扶出《玉皇普度聖經》。

　　此次，經典中說出，五教教主推薦關公為玉皇大天尊玄靈高上帝的「事實」：

融合三教信仰的關公造型

　　「今著《玉皇普度聖經》者，乃蒼穹天皇，由儒、道、釋、耶、回五教教主，共議選舉關聖，於甲子年元旦，受禪為第十八代玉皇大帝位，其尊號曰：玉皇大天尊玄靈高上帝。

　　統御諸天、管轄萬靈、掌理三界十方、撫綏天下生民，並及九幽六道。今玉帝為普渡天下蒼生、特敕命著作《玉

三教教主推選關公為天公

皇普度聖經》，以教化為普渡之本。此經之著，務使誦者易誦，讀者易讀，並易了悟經意奉行，冀能收到普化之效而著作者。」

這些鸞文與經典皆指出關公已成為第十八代玉皇大帝，只是在成為玉皇大帝的細節上有些差異。

比較這些經文可以發現具體的差異如下：

第一，至高神主導

《洞冥寶記》指出關公是經由老母的同意接掌玉皇大帝的寶座，在《玉皇普度尊經》則指出是經由無極天尊同意後接掌玉皇大帝的寶座，而《玉皇普度聖經》中並無此項論述。

第二，教主共推

《洞冥寶記》與《玉皇普度尊經》都指出關公接掌儒、釋、道三教之權，由三教推薦；而在《玉皇普度聖經》擴張為儒、道、釋、耶、回五教教主推選。

第三，受禪

《洞冥寶記》並無受禪的說法，而在《玉皇普度尊經》與《玉皇普度聖經》皆有受禪之說。尤其在《玉皇普度尊經》中關公向眾神謙讓再三後，才受禪為第十八代玉皇大帝。

第四，接掌天盤

《洞冥寶記》宣稱關公於民國 13 年（1924）升調玉皇大帝，而《玉皇普度

聖經》的經文註釋中卻說關公早在民國前48年（1864）即接掌玉皇大帝之位。《玉皇普度尊經》則遲至民國61年（1972）才接位。

第五，接掌天盤前職位

《洞冥寶記》宣稱關公為協天大帝；《玉皇普度聖經》則稱關公為通明首相；《玉皇普度尊經》只說關公統御諸天、管轄萬靈、掌理三界十方、撫綏天下生民，並及九幽六道。

關公在民國不同時期，由大陸、台灣兩地不同鸞堂之鸞手，三次著造經典，都指證祂已經成為玉皇大帝。雖然，經文中出現部分之差異；但是，並未妨礙關公成為玉皇大帝的神格主軸。

就信仰者而言，他們不一定在意、也不明白關公成為玉皇大帝的細節。他們比較關心十八代玉皇大帝的寶座，是否輪到關公來擔任。

此信仰神話，在「信者恆信」的情結下，鸞門的信徒及鸞生樂見其成。

關帝成為玉皇引起其他宗教的反彈

當鸞門信仰者認同關公為第十八代玉皇大帝時，天帝教與道教的執事，卻提出反對的聲音。

具鸞堂性質的九份明聖宮、三芝智成堂、高雄意誠堂將關帝刻成玉皇大帝（左起）

天帝教認為天帝（公）為其主神，是自然神，天帝不可能是由關聖帝君榮任。在其神譜中，第一層為無生聖母主持無生聖宮，第二層為玄穹高上帝主持金闕凌霄寶殿，第三層由三期主宰主持清虛宮，第四層才是關聖帝君主持中天昭明聖殿，第五層則由文衡聖帝主持南天文衡聖宮。

道教總廟三清宮主神為三清道祖

因此，以該教的神譜系統來看，關公只是第四層的神祇，不可能由祂變成第二層凌霄寶殿的主宰者。

至於道教的反對聲音，來自宜蘭道教總廟三清宮。

它認為關公為「後天」功國偉人神，玉皇大帝為「先天」自然六卸神之一，兩者無法混同為一。因此，道教認定「五教教主共選為第十八代天公」的說法，違反了祂的道教的「神譜學」論述。

不僅如此，在道教的信仰邏輯中，天公為「自然神」，其神格位階僅次於三清道祖，與東方木公、西方王母同階。而關公為忠孝節義之「人格神」，其神格位階，則遠低於天公。

因此，它鼓勵道教徒不要再盲從這項「荒誕不經」的論述。

鸞生恆信關帝已經成為玉皇

儘管，這兩類的宗教領袖對關公為玉皇大帝的論述提出異議，但是以關公信仰為主的鸞堂系統，卻樂觀其成。

鸞門的鸞生恆信關公已經成為玉皇，不同於天帝教以天帝為主神，道教以三清為主神。後兩者的信仰者當然不會同意關公變成天帝教神譜系統中最重要的神祇，及關公變成道教神譜系統中第二層的神祇。

由此看來，關公在這三個宗教中引起的論戰，在各自信仰者的心目中，關公有不同地位。關公是否成為玉皇大帝，也就在華人各宗教中，出現各自表述的分歧現象。

11.3 宗教傳統強化關帝成為玉皇

鸞生相信關公擔任玉皇大帝

為何鸞堂系統的鸞生，會確信「關帝成為玉皇」此信仰？

我覺得，與鸞堂的「宗教傳統」有關。鸞生具有「相信神明臨堂」、「皈依恩主公」、「常年誦經」、「助印經典」等信仰、習俗，皆會強化了此神格論述。

鸞生相信神明臨堂

首先，鸞生常態性的參與扶鸞，「相信神明會降臨鸞堂」。此宗教心理，強化了關帝成為玉皇的信仰。

自從民國以來，扶鸞造經論證關帝成為玉皇大帝後。我們調查發現，鸞堂系統中的鸞生，透過常態性參與扶鸞，確信三教神明會降臨鸞堂；他們進而認同、相信神明降筆鸞文之意涵。

鸞生除了接受其道德教誨、生活指導、化解問題的迷津外，也會相信鸞文中「虔誠鸞生的祖先成神」、「往生鸞生成神」、「既有神明升遷」等鸞堂獨有的「成神」神話。

其中，影響力最大的神話即是「關帝成為玉皇」。在《桃園明聖經》說關公曾為玉皇大帝助手、首相；在《洞冥寶記》、《玉皇普渡尊經》及《玉皇普渡聖經》，說祂最後登上凌霄寶殿，坐上玉皇大帝寶座的論述。

相較於紅卍字會、天帝教、真佛心宗、一貫道等華人民間教派，它們也有扶鸞，但卻不一定會認同此神話。

一貫道只知關公為「法律主」的護法神格，不知祂為「天公」。紅卍字會中的關公，是「文衡聖帝」，也不同意祂成為「天公」。更別說天帝教了，它認為關公不可能僭越當「天公」。

唯獨鸞門例外，其鸞生深信「扶鸞造經」，再由「經典造神」之信仰，進而相信關公升格為玉皇大帝之神話。簡言之，扶鸞帶來的神祇譜系變化，贏得了鸞生的認同。

鸞生皈依恩主公

第二項，強化關帝成為玉皇的信仰，來自「鸞生皈依恩主公」座下。

鸞生平日敬拜三聖恩主或五聖恩主，常態性參與扶鸞。自稱為「沐恩鸞下」，自詡為恩主公的學生。他們效法、實踐關的忠孝節義或仁義禮智信等五常德；願意接受祂的降筆教誨，作為今世生活與來生超越的修行指引。

他們具有兩種「人神互動觀」：首先，類似於一般人敬拜神明的想法，我用「少少的敬拜及供品」，換得神明「多多的賜福」；此也是華人常見的人神利益交換的「功利觀」。

鸞生以「沐恩鸞下」名義捐贈牌匾

　　其次，他們尚有以神為師的「修行觀」。類似於皈依「佛、法、僧」的佛教徒，及皈依「道、經、師」的道士。鸞生必須皈依「恩主公、列聖經典、教尊（正鸞手）」，向其學習、得到心理慰藉。

　　有些鸞生自己陳述，曾經親耳聽見恩主公傳達的訊息；或是親眼目睹恩主公顯聖，寫出的鸞文。這種「確信」，使他們高度認同扶鸞，願意接受恩主公在扶鸞的教誨與解惑。

　　因此，當經典中論證「關恩主已經成為玉皇大帝」時，他們相當容易相信；且會彼此「爭相走告」。

　　部分鸞堂的主事者，已經重塑關帝的神像造型。幫恩主公祂戴上玉皇大帝的冠冕，穿上九龍袍或手持玉笏；像玉皇的裝扮。也改恩主公的稱呼為「玄靈高上帝關聖帝君玉皇大天尊」，把祂當作玉皇大帝來膜拜。

鸞生常年誦經

　　第三項，鸞堂的鸞生常年「課誦」與關公有關的經典，推廣、強化「關公為玉皇大帝」的信仰。

　　鸞生在平時常態性的扶鸞、拜斗與聖誕祭典，都得禮神誦經。他們認為這

三芝智成堂葉雲清法師課誦經典與疏文

佛祖　　　　　　　《心經》　　　　　　　達摩祖師

老子　　　　　　《老子道德經》　　　　　　張天師

關聖帝君　　　　《玉皇普渡真經》　　　玄門真宗教尊陳桂興

是個人累積功德、表達對神景仰及個人修行的重要法門。課誦經文時，其神話也易內化成鸞生的宗教人格。

　　因此，從明、清以來到民國為止，中國大陸的「洱源紹善壇」、「昆明洗心堂」及各地「乩壇」；台灣的「台中聖賢堂」、「玄門真宗」及「桃園明聖經學會」等團體，創造出諸多關公經典，可能都是鸞生經常唸誦的經典。

玄門真宗日常課誦經典

　　如《桃園明聖經》、《忠義經》、《覺世真經》、《玉皇普度聖經》、《大解冤經》、《文懺、武懺》、《玄靈玉皇寶經》、《赦罪寶懺》、《戒淫經》、《關聖大帝返性圖》、《救劫渡人指迷篇》與《玉皇普度尊經》等經典，是鸞生耳熟能詳的經典。

　　其中部分經典內容，論述關公為玉皇座前首相；部分經典則說祂坐上凌霄寶殿寶座，主持玉皇大帝的職務。由於鸞生經年累月誦讀，乃理所當然的接受經典論述，並轉化成為自己的信仰理念。

　　而且，他們彼此口耳相傳，無形中形成了共同情感與認同。不只接受經典中關公的道德律，也會信仰其轉化的神格。深信關公已於民國甲子年，榮任第十八代玉皇大帝。

　　此時，再經由鸞生宣揚給信徒，擴大了關公已經由偉人神轉化為自然神-玉皇大帝神格的信仰人口。因此，在台灣的關帝信仰特色之一，是視祂為玉皇。

鸞生助印經典

　　第四項，華人有「印經可以積累功德」的信仰、習俗，也會助長關帝成為玉皇的傳播。

在華人的宗教傳統中，隨處可見信徒、鸞生鳩資共同出版鸞書、佛經。當扶鸞創造出關公為玉皇大帝的鸞書與經典後，得到了鸞堂領袖的認同。他易發動信徒、鸞生共同捐款印書，無形中，也助長關帝成為玉皇的信仰及傳播。

在台灣尚有一個特色：將經典或鸞文當作善書大量付梓，採用了華人特有的「無智慧財產權」概念。「歡迎翻印」經典，希望大量推廣神的道德律及神話。用「免費贈送」經典方式，期盼人人皆有一經。

這種助印善書、經典，是華人「功德觀」的具體表現。幾乎所有鸞文、經典的卷尾語，都會提及助印的芳名。捐獻者相信，只要在善書後面都會列上其姓名，神明記錄其善行，鑒察其功，上表天庭。進而庇蔭信徒個人、家人、子孫，在今生與來世皆得到果報。

此信仰情感及態度，促進了《桃園明聖經》、《大解冤經》、《玉皇普度聖經》、《文、武懺》、《列聖寶經》及《玉皇普度尊經》的大量刊行。免費贈送給信徒，或寄放在各廟宇供人自由索取。

其中，最引人注目的是《列聖寶經》。它隨著恩主公信仰擴張，而被宮廟堂大量翻印。其中收錄了《桃園明聖經》，經中訴說著關公為玉皇座前首相及玉皇的神話，也隨著經典刊行而傳播。

簡而言之，華人出版經典的宗教傳統及功德觀，無意間也推波助瀾關公成為玉皇大帝的信仰。

《桃園明聖經》最後一頁放入助印功德者

11.4 人神轉化鞏固關帝成為玉皇

關公從人格神轉化為自然神－天公

人可以成為自然神

漢人有一「自然神擬人化」的特殊信仰，認同將「自然神轉化為具體的人像」，或是「自然神與人結合」在一起的宗教心理。

關羽在民國時期成為玉皇，即是在此信仰邏輯中，逐漸被堆積而成。當祂壯烈殉國後成鬼，蜀漢皇帝劉禪諡封祂為「壯繆侯」。於湖北當陽顯靈後成神，再由原本「元帥」、「王」的神格，慢慢加封成「關聖帝君」。再由「帝」，被推舉、榮任為玉皇大帝。

這種轉化，形同由人→成鬼→成神（偉人神）→成玉皇大帝（自然神）的過程。

彷彿在「人、鬼、神」之間，可以逐漸轉化而提升，

或是「偉人神」可以跨越鴻溝成為「自然神」。此現象是華人民間宗教的神祇信仰特色，它普遍的被鸞堂信仰者接受。應該和他們內心中認同「人神轉化」信仰，有密切關聯。

打開鸞書，經常可以看到「自然神」、「偉人神」與「想像神」，皆會下凡到人間降鸞到鸞堂。其中有些鸞文闡述著「人成鬼、再成神」的各種前世今生故事，用此勉勵鸞生與信仰者，應該在今世努力行善修行，作為來世成神的準備。

根據《台灣宗教資料彙編》指出清季時的台灣地區鸞書，觀音、福神、天上聖母、司命真君、城隍、關公等神祇，降鸞在不同地區的鸞堂。祂們附身在鸞手，傳達具道德律的詩詞，再以個人的前世解釋這首詩，來規勸鸞堂的鸞生與信徒。

以《一聲雷》中的鸞文為例，老社寮庄盡善堂「觀音佛母」降詩兩首：

「盡力修行不記秋，善心將水共長流。
　堂開斗室通三界，佛道光明萬古留。」
「觀來塵界讀凌空，音韻鏗鏘苦節通。
　佛法無邊施化雨，母儀有象佈清風。」

詩文後面觀音佛母自己陳述前世今生，祂的前世為清朝人，生於道光十一年，姓顏，閨名菊香。因處於亂世，搭船時船夫都是賊黨，傷害其父母而且欲對她強行汙辱，她對匪黨好言先勸失敗後，乃投江自盡。

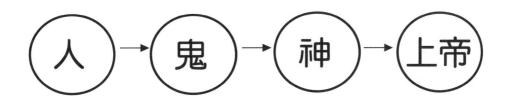

人轉化成上帝意示圖

堯、舜、禹被民間宗教信徒視為三官大帝

　　魂魄到森羅殿下，判官察其功德，認為她能全孝道重名節，不虧佛門的期待。乃上表天庭，封此鬼魂任觀音佛母之職。

　　此例說明人在世積德盡孝，死後被拔擢為觀音佛母，即人成鬼之後，可以轉化為經典中的觀音菩薩這類的「想像神」。

　　再舉一例說明，人只要嚴守男女份際，就可能成為福神，即人死後，可以成為「自然神」。在〈一聲雷〉中的鸞文指出，大南埔莊「福神」降詩：

　　「坐懷不亂古完人，色戒吾生步後塵。

　　　片念未常稍蕩檢，光明正直本天真。」

　　詩文後面福神自己陳述祂前世為淡水人士，姓周，名登海。幼時讀書，長大後不當儒生，隨父親經商。在經商過程曾有沉魚落雁的少婦色誘他，他嚴守男女的分際，不為所動。

　　不僅如此經商過程，童叟無欺，嚴守孝道，兄弟手足和睦相處，直到58

歲過世。到了地獄冥府，判官認為他功德無量，成全節婦的貞操，嚴守手足之義，經商誠實，盡忠盡孝，乃上表天庭，被派認為福神。

另再舉一例說明，少婦亡夫之後孝順公婆承擔整個宗族的家計，忠孝的義行感動冥府判官，最後成為獅巖洞的天上聖母。天上聖母降曰：

「百尺獅巖小洞天，紅塵相隔自蕭然。
　桃源有路思尋去，月色朦朧踏曉然。」
「淒風苦雨憶當年，親老家貧懍志堅。
　天眼垂青憐勁節，千秋神道永昭然。」

詩文後面天上聖母自己陳述，祂是由清雍正時期江左人士，閨名趙秀紅。幼時學習經書，稍明道義，嫁為人妻後，夫婿早死。家道中落，一貧如洗。然而家有公婆，又懷孕數月，夫家一門的家計與命脈，必須承擔。母兼父職，帶領孤兒，孝順公婆直到老死。

鸞生或其祖先可能成為福德正神或媽祖的分靈

南、北斗星君擬人化

　　兒子成年後，獲有功名，娶妻生子，家道中興，臨終之前告知子孫，努力行善無愧天人。魂歸冥府，閻羅王肯定吾的一生，乃上奏玉殿，命我為泉州府涵江的天上聖母，任職數十年後，才轉到獅巖洞，享受千秋血食。

　　類似的故事在過去的鸞文中經常可見。從此可以得知在鸞生的信仰，認同鸞手扶鸞中的神明降鸞，在人死後可以成神的信仰價值觀。擔任各地廟宇的自然神、想像神與偉人神等，各種類型的神祇。

　　此宗教信仰觀是鸞堂的鸞生與信徒信仰特色之一。他們相信人處世上，只要累績功德，盡忠盡孝，來世皆可能成神。

　　換言之，今生努力行善實踐儒家道德律，死後到地獄也會被判官上表天庭，分發神職給人擔任。這意味著人死為鬼，而鬼可能成神，也可能成為自然神。這種人→鬼→神→自然神的信仰體系，普遍存在於參與扶鸞鸞生的腦海中。

　　因此，依此人神轉化的信仰邏輯，鸞生與信仰者將會相信關公死後成鬼，由於祂在世的功德而成神，再昇格成為玉皇大帝。認同祂可以由「偉人神」的

神格，跨越到「自然神」的神格，而晉升為眾神之首 - 玉皇上帝的論述。

自然神擬人化

強化、支持關帝成為玉皇的神話，尚有一「自然神擬人化」的信仰。

在華人民間宗教的神學體系，有一「自然崇拜」（nature worship）信仰觀。雷同於其他民族「原始宗教」中，對自然界中：天上的日、月、星「神」，地上的河、海、岱「祇」加以膜拜。這是華人最早的「六宗」信仰觀，也是「宗」的原始意涵。

不只如此，華人祖先再將自然神想像由人來擔任，這也是玉皇大帝可能由關羽來擔任的主要因素。由於華人民間宗教對神祇有此宗教想像與信仰的「神學觀」，因此容易接受自然神由歷史人物來擔任。

即歷朝歷代的某位人士，來擔任某一個「自然神」。並將這些自然神被，雕刻成為具有人的形象的神像。普遍展現於華人民間宗教中的廟宇神殿和信徒的心目中；也表現在信徒對這些神祇的神像雕刻及膜拜等現象。

太陽、太陰星君擬人化

　　民間宗教對天、地等自然現象的崇拜，包含敬拜天上的太陽神、太陰神、北極星、北斗七星、斗姆、太歲星君、文曲星、雷神、火神或三官大帝等「神」。崇拜地上的土地公、灶神、城隍、東嶽大帝、三山國王等「祇」。祂們皆被信徒雕成「人型」的神像，擺在廟宇的供桌上。

　　具有人名的自然神祇如北極星，被信徒稱為「北極玄天上帝」，又名「真武大帝」，據《太上說玄天大聖真武本傳神咒妙經》，真武大帝是太上老君的化身。另外，三官大帝則分別由堯、舜、禹三位遠古帝王擔任。

　　文曲星為文昌帝君，又稱「梓潼帝君」，與晉朝張亞子連結。灶神本為火神，早先為祝融，後被稱為張恩主，名為張單。先天豁落王靈官具有火神的神格，擬人化後名為王善。

　　社稷之神為土地神最為普遍，最早的社神為共工氏之子，名為句龍；稷神為烈山氏之子，名為柱。在民間信仰最流行的說法，為西周人為民設想的稅官張福德。

星神擬人化：玄天上帝

斗姥

殷刻

連崇拜的木星，在宋朝時被擬人化為「殷郊」及十二太歲。到清朝柳守元編著《太上靈華至德歲君解厄延生法懺》，再次轉化。加封周朝到明朝60個歷史上的文官、武將、賢人或孝子，為六十太歲神像，成為兩岸太歲殿中的樣態。

如我們到了凌霄寶殿，上面供奉玉皇大帝、北斗星、南斗星；祭星時崇拜的日月金木水火土等七政，外加計都、羅睺等九曜，或再加紫炁、月孛為11曜；禮斗時的28星宿、五斗星神；祂們皆沒人名，只有被信徒雕刻成為人形供奉。

另外，山神、東嶽大帝、河神、海神等土地自然神，也是如此。

唯獨海神信仰發展到清代，變成兩個神祇。一為傳統自然神的四海龍王；另一為擬人化後的天上聖母林默娘。後者神格提升的現象，與關公榮升十八代玉皇大帝的說法有些雷同，康熙皇帝加封祂為「天后」。

丙申年太歲 - 管仲

魁星

263

Part 12
累積功德：
代結語

12.1 本書地圖

　　我書寫這本小書，無非就是希望讀者能「快速的」、「快樂的」理解扶鸞。

　　因此，本書是用社會科學「相對客觀」的態度，人文學中「人同此心、心同此理」的情感，深奧的宗教學「學理」，以「言簡意賅」的文字，「圖文並茂」的編輯，介紹扶「鸞」。

　　希望讀者閱讀此小書後，能夠對鸞的「起源與發展」、「功能」、「儀式」、「參與者」、「法器」、「思想」、「修行」、「宗教經驗」、「困境與發展」、「關公成為玉皇」等相關的議題，有初步的認識及理解。

　　從本書中，揭開過去鸞務的神秘面紗，也讓受過高等教育的台灣地區子民，或從未接觸扶鸞者，用自己的理性與感性認識它。重新思考我們祖先傳承達千年的鸞門，為何至今仍在寶島台灣傳唱鸞音？！

　　不僅如此，本書也希望已經接觸扶鸞者，能夠再次反思當前的鸞務困境，一起思考、把脈開出對症下藥的處方箋。

玄門山的功德

12.2 神明真的降鸞嗎

最初接觸扶鸞儀式者經常會提問，神明是否已經附體在鸞手身上？鸞手寫的鸞文就是神明的真誥嗎？扶鸞中，神明真的降臨到儀式現場嗎？如果神明降臨到現場，經由扶鸞做出的神諭，靈驗嗎？

這一連串的問題，是信仰者對扶鸞經常提出的提問。在本書中，對此只作宗教學、社會科學的解讀，而非自然科學的判斷。

我倒是想引領信仰者或未信仰者，能夠深入淺出的進入鸞門。讓讀者的認知和鸞產生緊密互動，了解我們祖先創造扶鸞的根源、變遷，及鸞得以存在的宗教思想及社會基礎。

此外，在這本小書收集本地許多鸞堂扶鸞時的各種法器。這些不同樣式的鸞筆、鸞台，卻傳達相同本質的神諭。隱含祖先代代相傳的「天人感應」、「神明附體」的宗教思想邏輯。

神已降筆

也只有在此邏輯結構下，同屬民間教派的鸞門，才會創造出「大同小異」的扶鸞。並從中理解眾多現代人，投身於古老的鸞務中的目的，不外乎經由入世修行，「超凡入聖」，而得到來世永生成佛、成仙的保證。

12.3　扶鸞參與者及功能

「鸞生扶鸞」，遠比一般「乩童辦事」來得複雜許多。

在本小書中，呈現不同鸞堂與扶鸞參與者，其鸞生規模大小不一。鸞堂的鸞務規模較大者，包含鐘鼓生、接駕送神生、監壇、左右護法靈動、敬茶敬酒生及宣講生等。規模較小者，則只有天地人三才。

這些鸞生們通稱為「沐恩鸞下」，他們自認為是神明的學生。這種以神明為師的宗教思想、修行觀，是華人鸞門異於其他宗教的特殊現象。

我們可以得知，扶鸞累積許多的鸞文，諸天神佛不斷經由扶鸞說出神諭。

鸞生為祖先作功德

到玄門真宗打坐修行

祂可能教誨信徒的提問，或指引信
徒困境的解除。也可能告知信徒神
需要開創新的廟宇，或不斷創造新
的經典讓信徒吟誦。

修行三大使命：選賢、拔聖、渡九玄

　　扶鸞帶給信徒與社會的諸多功
能；至今為止，是它得以存活於當
代科學昌明的社會主因。

12.4 鸞手的能力及困境

　　為了回應讀者對扶鸞儀式神明是否降臨於現場的疑問，在本書中也對鸞手
的特殊宗教經驗進行理解。

　　到底這些鸞手能夠通靈、通神，是得因於先天的「天啟」，或是後天的「訓
鸞」？本書只記錄下歷史上鸞手通神後，與當時文人的酬唱。及歷代鸞手降鸞
通著經典，教化子民，濟世信徒之能耐。

優質鸞手以神為師，弘揚恩主公信仰

過去的宗教經驗顯現，鸞手不易培養。優質的鸞手具備五種能力：

1. 寫出「優美」、「教化子民」的鸞文。

2. 擁有演繹、引申、宣講鸞文的能力。

3. 濟世時，能出「化解信徒迷津」詩文。

4. 能對當下社會的共同困境提出處方。

5. 帶領信徒走向未來新境界。

整體來看最近這十年來的台灣鸞堂，已經出現了鸞務急遽萎縮的重大危機，許多鸞堂不再扶鸞。主要原因在於：

1. 鸞手的老化，後繼者斷層。

2. 鸞手不再通靈，失去了扶鸞能力。

3. 鸞手扶鸞、濟世能力弱化，無法因應現代社會快速變局。

4. 鸞手修行操守不佳，無法贏得信徒、鸞生的認同。

5. 掌握鸞堂權力的執事者，不再支持鸞務。

這些原因單獨存在，也可能彼此交互作用，而中止扶鸞。然而，也有少數鸞堂、道場卻能堅守鸞務。培養優質的鸞手，既能從容扶鸞濟世，也能與現代社會主流價值連結。熟悉三教經典教義及當代百姓、社會困境，能為信眾解惑，使鸞務浴火重生。

12.5 積累功德弘揚恩主

最後，本書得以出版，應該感謝對鸞務推動有熱情的宗教領袖－玄門真宗陳桂興教尊及其團隊。他認為「學術為聖鸞推動之礎石」，此真知灼見及無私的宗教奉獻，為鸞門教派注入一股清流，也為鸞門帶來希望。

另外，玄門真宗教會本書當作傳統善書一般出版，願無償的與各宮廟堂分享。這是宗教知識普及化的工作，也是積累功德的宗教志業。我個人則希望本書拋磚引玉後，未來有更多可讀性更高的鸞書出現。

寫到這裡，我願意將榮耀歸給玄門真宗教會，最高的榮耀呈獻給恩主公。沒有玄門真宗、玄靈高上帝恩主公的恩典，就沒有本書問世。我永遠銘記在心！

至於本書的內容觀點如有謬誤，有請方家指正。如有任何疏漏，完全由後學承擔！

本書把榮耀歸給玄靈高上帝

國家圖書館出版品預行編目資料

與神對話(下)／陳桂興主編,張家麟著.
－－第一版－－臺北市：宇烱文化 出版；
紅螞蟻圖書發行，2022.1
面 ； 公分－－(玄門真宗；11)
ISBN 978-986-456-324-1（平裝）

1.扶乩 2.民間信仰

196.2　　　　　　　　　　110020252

玄門真宗 11

與神對話(下)

主　　　編／陳桂興
作　　　者／張家麟
發 行 人／賴秀珍
總 編 輯／何南輝
校對整理／柯貞如、蘇倍民、紀婷婷
美術構成／沙海潛行
出　　　版／宇烱文化出版有限公司
發　　　行／紅螞蟻圖書有限公司
地　　　址／台北市內湖區舊宗路二段121巷19號(紅螞蟻資訊大樓)
網　　　站／www.e-redant.com
郵撥帳號／1604621-1　紅螞蟻圖書有限公司
電　　　話／(02)2795-3656（代表號）
傳　　　真／(02)2795-4100
登 記 證／局版北市業字第1446號
法律顧問／許晏賓律師
印 刷 廠／卡樂彩色製版印刷有限公司
出版日期／2022年 1 月　第一版第一刷

定價 550 元　　港幣 184 元

ISBN　978-986-456-324-1　　　　　　Printed in Taiwan

關聖帝君《玄靈高上帝》親敕 建立自己的教門

尋回自己的累世的門徒 咸令得到皈依、歸宿

玄門真宗 總山門

玄門山

關聖帝君《玄靈高上帝》親臨降頒，尋回自己的緣生門徒，為近二千年的神威救渡及五常德『仁、義、禮、智、信』精神能有一定位，更讓關聖帝君《玄靈高上帝》近二千年來的神人因緣、門徒有所的皈依歸宿。

天運甲子歲次開科，關聖帝君《玄靈高上帝》親敕點選門徒，創建以『關聖帝君《玄靈高上帝》』為教主的宗教脈延，親敕以『玄門真宗』為教名，更從立『教名』、『會集賢才』、『創建道場』、『立教申請』、『學術公聽會』等完成創建以關聖帝君《玄靈高上帝》為教主的『玄門真宗』。

根據「玉皇尊經」的記載，關公在公元一八六四年被各教教主推舉，禪登「玉皇大天尊玄靈高上帝」，至今一百三十餘年，復於公元二〇〇三年在內政部正式申請立教，有了自己的教門，自己的國度，稱為圓融國度。

關聖帝君如今已立有自己的教門『玄門真宗』來宏揚無量無邊的神威誓願，有廣大的門徒，有完整的經卷和殊勝濟世的方便法門，如今更創建『玄門山』為宣教總山門，得以更完整的建制，組織，宏揚關聖帝君《玄靈高上帝》的大誓願天命、拔選人才、為社會，為云云眾生行救渡、救贖、教化的大慈悲誓願。

讓我們在恩主恩師的五常課程學修教門

追求法喜的身體健康
創造通達的人際關係
經營和諧的圓滿家庭
建立利益眾生的事業
實現精勤的人生理想

歡迎你回家